David Clarke

Englisch

POCKET TEACHER ABI

Cornelsen
SCRIPTOR

Der Autor
David Clarke ist Brite. Nach langjähriger Tätigkeit als Englischlehrer an deutschen Gymnasien arbeitet er jetzt als Schulbuchautor. Er ist Autor zahlreicher Lehrwerke und Übungsprogramme.

Bibliografische Information der Deutschen Nationalbibliothek
Die Deutsche Nationalbibliothek verzeichnet diese Publikation in der Deutschen Nationalbibliografie; detaillierte bibliografische Daten sind im Internet über http://dnb.d-nb.de abrufbar.

4. Auflage

D C B A
Bibliographisches Institut GmbH
Dudenstraße 6, 68167 Mannheim

Projektleitung: Heike Krüger-Beer, Anja Sokoll
Redaktion: Heike Friauf, Michael Pöppl
Satz und Layout: Torsten Lemme, Berlin
Reihengestaltung: Magdalene Krumbeck, Wuppertal
Umschlaggestaltung: glas AG, Seeheim-Jugenheim
Druck und Bindung: CPI books GmbH, Leck
Printed in Germany

ISBN 978-3-411-86294-8

Inhalt

1 Wie man lexikalische Fehler vermeidet

In der Oberstufe sind die meisten Fehler Wort- bzw. Ausdrucksfehler *(vocabulary and usage mistakes)*. Abgesehen von lückenhaften Vokabelkenntnissen, handelt es sich bei Wortfehlern oft um

a das Phänomen der Interferenz (= Verwechslung von ähnlich klingenden deutschen und englischen Wörtern) und

b englische Wörter, die häufig – auch von Muttersprachlern – verwechselt werden. Die erste Gruppe nennt man *false friends,* die zweite *confusables.*

1.1 Probleme mit „falschen Freunden"

Problems with „false friends"

Hier ist eine Liste von falschen Freunden, die Sie oft und gerne im Stich lassen. In der linken Spalte ist das deutsche Wort; in der mittleren Spalte finden Sie die richtige englische Entsprechung im Kontext. Rechts steht der typische Fehler.

VERBEN

bemerken	*I'm sorry. I didn't **notice** you.*	~~remark~~
irritieren	*Don't **distract** Ann. She's counting.*	~~irritate~~
meinen	*Tom **thinks** Sally is fantastic.*	~~means~~
machen	*Have you **done** your homework yet?*	~~made~~
spenden	*Germans **donate** a lot of money to charity.*	~~spend~~
starten	*The plane **took off** two hours late.*	~~started~~
übersehen	*The driver **overlooked** a red light.*	~~oversaw~~

NOMEN

Land	*Bavaria is the biggest* ***state*** *in Germany.*	~~*land*~~
Menü	*The set* ***meal*** *costs $ 4.50.*	~~*menu*~~
Pension	***Guest houses*** *are cheaper than hotels.*	~~*pension*~~
Politik	*The government's rail* ***policy*** *is crazy.*	~~*politic(s)*~~
Preis	*Our school won a* ***prize*** *of £ 1000.*	~~*price*~~
Rente	*I can't live on such a small* ***pension****.*	~~*rent*~~
Rezept	*Take this* ***prescription*** *to the chemist's.*	~~*recipe*~~

ADJEKTIVE, ADVERBIEN

aktuell	*Global warming is a* ***current*** *problem.*	~~*actual*~~
brav	*I'm afraid Bonzo isn't very* ***well-behaved****.*	~~*brave*~~
dezent	*Please wear* ***discreet/subdued*** *clothing.*	~~*decent*~~
des-interessiert	*John's* ***uninterested*** *in school.*	~~*disinterested*~~
dick	*The doctor said I'm too* ***fat****.*	~~*thick*~~
eventuell	***Maybe*** *we'll call in at the weekend.*	~~*eventually*~~
komfortabel	*They live in a* ***luxurious*** *flat in Berlin.*	~~*comfortable*~~
miserabel	*This steak is absolutely* ***awful****.*	~~*miserable*~~
nächste	*The* ***nearest*** *post office is in Cherry Road.*	~~*next*~~
neueste	*Is this the* ***latest*** *version of Word?*	~~*newest*~~
sensibel	*Jim's very* ***sensitive*** *about his big feet.*	~~*sensible*~~
seriös	*We only do business with* ***reputable*** *firms.*	~~*serious*~~
sympathisch	*Mrs Todd is a* ***likeable*** *woman.*	~~*sympathetic*~~

1.2 Wörter, die leicht verwechselt werden

Confusables (Words that are easily mixed up)

Beachten Sie auch die folgenden Wortpaare, die häufig verwechselt werden. Lesen Sie zuerst die Anwendungssätze. Danach sehen Sie sich rechts die deutschen Entsprechungen zur Kontrolle an.

VERBEN

abuse	*Some sex tourists **abuse** small children.*	*missbrauchen*
misuse	*If you **misuse** the machine, it'll break down.*	*falsch bedienen*
affect	*Bad weather **affects** people's mood.*	*beeinflussen*
effect	*Fred **effected** his escape by stealing a car.*	*bewirken*
arbitrate	*We asked a court to **arbitrate** in the dispute.*	*schlichten*
mediate	*Senator Mitchell is **mediating** in Northern Ireland.*	*vermitteln*
avoid	*It is perfectly legal to **avoid** paying too much tax.*	*vermeiden*
evade	*In most countries it is a crime to **evade** tax.*	*ausweichen*
become	*Alison is hoping to **become** a vet.*	*werden*
get	*In the UK you can **get** stamps at supermarkets.*	*bekommen*
borrow	*Some people **borrow** money to pay their debts!*	*sich etwas leihen*
lend	*It is unwise to **lend** money to friends.*	*jmdm. etwas leihen*

imply	*Are you **implying** that Tom wasn't really ill?*	*unterstellen*
infer	*From what he said, we **inferred** he liked the idea.*	*erschließen*
lay	*The ambulance men **laid** the boy on a stretcher.*	*legen*
lie	*You shouldn't just **lie** on the sofa all day.*	*liegen*
prescribe	*The law **prescribes** when shops may open.*	*vorschreiben*
proscribe	*The EU **proscribed** smoking in public places.*	*verbieten*
repel	*The idea of eating dogs **repels** most Westerners.*	*abstoßen*
repulse	*The police **repulsed** the attack with rubber bullets.*	*abwehren*

NOMEN

play	*Shakespeare's **plays** make great films.*	*Theaterstück*
game	*Football is the world's most popular **game**.*	*Spiel*
receipt	*Did you get a **receipt** when you paid?*	*Quittung*
recipe	*Have you got a **recipe** for cheese sauce?*	*Rezept*
variety	*The USA is a country of great **variety**.*	*Vielseitigkeit (Dinge)*
versatility	*Bernstein was a musician of great **versatility**.*	*Vielseitigkeit (Personen)*

ADJEKTIVE

continual	*These **continual** delays are costing a lot.*	*ständig*
continuous	*It was great. We had **continuous** sunshine.*	*unaufhörlich*
economic	*Russia's **economic** problems are getting worse.*	*Wirtschafts-…*
economical	*Small cars are more **economical** than big ones.*	*sparsam*
finished	*Have you **finished** the essay yet?*	*fertig = „erledigt"*
ready	*Mary's never **ready** when I call for her.*	*fertig = „startbereit"*
happy	*We're very **happy** with our new car.*	*glücklich*
lucky	*You're **lucky** to get a job at all these days.*	*Glück haben*
industrial	*Dortmund is no longer an **industrial** city.*	*Industrie-…*
industrious	*I'm afraid Joshua isn't very **industrious** at school.*	*fleißig*
practical	*You learn best by doing **practical** activities.*	*praktisch*
practicable	*It's a nice idea, but is it **practicable**?*	*umsetzbar*
social	*Many big towns have serious **social** problems.*	*Sozial-…*
sociable	***Sociable** people love parties.*	*gesellig*
tasty	*This chicken salad is great. It's very **tasty**.*	*lecker*
tasteful	*Her web photo wasn't **tasteful** – too much skin.*	*geschmackvoll*

DIVERSE WORTPAARE

advice	*He was a fool not to get professional* ***advice****.*	*Rat(schlag)*
advise	*My lawyer* ***advised*** *me to go to court.*	*beraten*
licence	*Fifteen is too young to have a* ***driving licence****.*	*Schein*
license	*You must be* ***licensed*** *to sell alcohol.*	*zulassen*
practice	*Everybody knows that "****practice*** *makes perfect".*	*Übung*
practise	*You must* ***practise*** *the piano every day.*	*üben*
loose	*The accident was caused by one* ***loose*** *screw.*	*locker*
lose	*We will* ***lose*** *the match if we don't train more.*	*verlieren*
principal	*Cuba's* ***principal*** *exports are sugar and cigars.*	*Haupt-…*
principle	*I agree with your idea in* ***principle****.*	*Prinzip*
stationary	*The other car was* ***stationary*** *when I ran into it.*	*stehend*
stationery	*Paper, envelopes etc. are called "****stationery****".*	*Schreibwaren*

1.3 Präpositionalverben

Prepositional verbs

Eine Reihe von Präpositionen erscheinen in fester Verbindung mit Verben, um Präpositionalverben bzw. Verb + Präpositionalverbindungen zu bilden.
Diese Verbindungen werden oft falsch verwendet, da sie vom deutschen Gebrauch abweichen, z. B.:

– Wir haben über eine Stunde auf dich gewartet.
→ *We **waited for** you for over an hour.* NICHT ~~wait on~~!
– Gehört dieses Buch dir?
→ *Does this book **belong to** you?* NICHT ~~belong you~~!

NOTICE Die Liste der gängigsten **Präpositionalverben**. Lesen Sie zuerst die Anwendungssätze und dann die deutschen Entsprechungen. **Passen Sie** bei den mit einem Sternchen (*) markierten Sätzen besonders auf. In den so gekennzeichneten Fällen weichen Deutsch und Englisch oft stark voneinander ab.

*Jack **arrived at** the office 30 minutes late.*	ankommen
*May I **ask for** your ticket, please?*	bitten um
*A minority of the young **believe in** a god.*	glauben an
*That house **belongs to** my uncle.**	gehören
*Paul is always **borrowing** money **from** me.*	ausleihen von
*The boy **confessed to** stealing the mobile phone.*	gestehen
*Most people **dream about** winning the lottery.*	träumen von
*Paul **insisted on** going to work.*	bestehen auf
*What do you **know about** the life of the poor?*	wissen über
*The pupils all **laughed at** the teacher's joke.**	lachen über
*You shouldn't **laugh about** other people's bad luck.**	lachen über
*This car isn't mine. My neighbour **lent** it **to** me.**	leihen
*How can you learn anything if you don't **listen to** the teacher?*	zuhören
***Look at** that notice: You can't park here.*	anschauen
*Did you **read about** Mary in the paper today?*	lesen über
*You shouldn't **shout at** small children.*	anschreien
*Will you **vote for** me in the election?**	wählen
*I'll **wait for** you in the café, okay?**	warten auf
*You can **wish for** three things if you find the end of a rainbow.**	sich etwas wünschen
*We've got to **write about** new forms of energy.*	schreiben über
*I'll **write to** you when I get home.**	jmdm. schreiben

1.4 Verben mit Adverb

Phrasal verbs

Phrasal verbs bestehen entweder aus einem **Verb** + **Adverb**, also einer „Partikel“, z. B.:

– *I'll* ***call in*** *tomorrow at 3.*	vorbeischauen
– *Don't forget to* ***pick up*** *Jenny from school.*	abholen
– *Can I* ***stay up*** *to see the movie?*	aufbleiben

1

oder aus einem **Verb** + **Adverb** („Partikel“) + **einer Präposition**, z. B.:

– *Okay, but what do I* ***get out of*** *it?*	etw. davon haben
– *I don't* ***get along/on with*** *the boss very well.*	auskommen
– *We're* ***looking forward to*** *your party.*	sich freuen auf

NOTICE Es ist selten möglich, die Bedeutung eines Partikelverbs von den einzelnen Wörtern her zu erschließen. Dies ist besonders deswegen so, da viele Partikelverben auch als Präpositionalverbindungen vorkommen.
Vergleichen Sie diese Satzpaare:

Präposition	*I* ***looked up*** *and saw her at the window.*	aufschauen
Partikel	*I always* ***look up*** *words online.*	nachschlagen
Präposition	***Pick up*** *that rubbish, please.*	aufheben
Partikel	*I'll* ***pick up*** *Jane at the airport.*	abholen
Präposition	*I* ***looked into*** *the box but it was empty.*	hineinschauen
Partikel	*The police are* ***looking into*** *the robbery.*	untersuchen

NOTICE Wie bei allen anderen Kollokationen („Anordnungen") bzw. Wortkombinationen ist es unbedingt notwendig, auch Partikelverben in vollständigen Einheiten zu lernen.

Hier ist eine Liste von **Partikelverben,** deren falsche Verwendung immer wieder Ausdrucksfehler verursacht:

We had to ***break off*** *the game because of rain.*	abbrechen
It's hard to ***bring up*** *children on your own.*	erziehen
Three prisoners ***broke out*** *last night.*	ausbrechen
Jenny ***broke out*** *in a rash after eating fish.*	Ausschlag bekommen
We had to ***call off*** *the party because of illness.*	absagen
*Let's talk again when you'****ve calmed down****.*	sich beruhigen
The doctor ***will carry out*** *the operation tomorrow.*	durchführen
You can ***clear up*** *problems by talking about them.*	lösen
They'll restart the match if the weather ***clears up****.*	sich aufhellen
The Greens ***do up*** *their house every year or so.*	renovieren
We took the wrong train and ***ended up*** *in Dublin.*	landen
Jack is always ***falling out*** *with his colleagues.*	sich zerstreiten
You must ***fill in*** *this form to get a driving licence.*	ausfüllen
Can you ***fill*** *us* ***in*** *on what's happened so far?*	jmdn. ins Bild setzen
Sally ***is filling in*** *for Jane tomorrow.*	für jmdn. einspringen
You ***can find out*** *Mary's address from her mother.*	herausfinden
Separate if you ***can't get on/along*** *with each other.*	sich vertragen
How are you ***getting on*** *with the letters?*	vorankommen
Our neighbour ***gets up*** *at 5 every morning.*	aufstehen

Bill Gates ***gives away*** *millions of dollars a year.*	verschenken
He's so stubborn. He never ***gives in****.*	nachgeben
A lot of men ***have given up*** *smoking.*	aufgeben
Tom is British but he ***grew up*** *in France.*	aufwachsen
Please ***don't keep on*** *complaining all the time.*	weitermachen
Not so fast. I ***can't keep*** *up with you.*	Schritt halten
The firm ***is laying off*** *15 more workers.*	entlassen
This match is important. ***Don't let*** *me* ***down****.*	im Stich lassen
Somebody ***let down*** *my tyres last night.*	Luft heraus-lassen
Can *you* ***look after*** *the baby tomorrow?*	auf jmdn. aufpassen
You can borrow my CD if you ***look after*** *it.*	pfleglich umgehen mit
Snobs ***look down*** *on ordinary people.*	heruntersehen auf
Look out! *A car's coming.*	aufpassen
Children need role models to ***look up to****.*	zu jmdm. aufsehen
I ***couldn't make out*** *what the sign meant.*	entziffern
I ***can't make*** *you* ***out****, Ben. You're never satisfied.*	verstehen
That's not true. Who ***made up*** *that silly story?*	ausdenken
Have *you* ***put away*** *your clothes?*	wegräumen
The government ***has put up*** *taxes again.*	erhöhen
We ***can put up*** *three people for you.*	unterbringen
You can't expect her to ***put up with*** *such rudeness.*	sich abfinden mit
Would you like to ***see round*** *our new house?*	besichtigen
Sit down and stop ***showing off*** *all the time.*	angeben, klotzen
When Ben ***showed up****, the party was already over.*	aufkreuzen
Some parents ***are shown up*** *by their horrible children.*	blamieren

1

***Speak up!** Nobody can hear you.*	lauter sprechen
*When the boss came in, everybody **stood up**.*	aufstehen
*The speaker **started off** by telling some jokes.*	beginnen
*Our plane **takes off** at 10.30 a.m.*	starten
*You're mad to **take off** the boss's wife like that.*	nachmachen
*Always **try on** clothes before buying.*	anprobieren
*You're **trying** me **on**. You can't mean that.*	provozieren
*The holiday **turned out** better than expected.*	sich heraus-stellen
*The bus **turned up** 30 minutes late.*	aufkreuzen
***Don't wait up.** I'll be home quite late.*	aufbleiben
***Can** you **work out** the price for me?*	ausrechnen
*I **can't work** him **out**. He can't be that stupid.*	verstehen
*Sally **works out** in a gym every evening.*	trainieren

Lesefertigkeiten

Ein Wort vorweg …
Das Lesen von englischen Texten wird viel leichter und angenehmer, wenn Sie die Bedeutung von unbekannten Wörtern ohne den Gebrauch eines Wörterbuches einfach erschließen können. In diesem Zusammenhang sind **zwei Strategien der Worterkennung** nützlich, und zwar:

2.1 Worterkennung: Ähnlichkeiten und Kontext

Word recognition: similarities and context

Ähnlichkeiten zwischen Deutsch und Englisch
Abgesehen von „internationalen Wörtern" wie *airbag, computer* und *manager* gibt es zwei andere Gruppen von Wörtern, die im Englischen und Deutschen sehr ähnlich sind. Für deutschsprachige Leser ist die Bedeutung solcher Wörter leicht zu erkennen.

- Die **erste Gruppe** besteht aus unzähligen englischen Wörtern des täglichen Lebens – wie z. B. *book, (to) bring, brother, (to) come, family, father, field* und *garden* – die aus dem Germanischen stammen.
- Die **zweite Gruppe** enthält vorwiegend **Abstrakta** *(abstract nouns)*, oft aus dem Lateinischen oder Griechischen abgeleitet, die im Englischen und im Deutschen gleichbedeutend vorkommen. Beispiele dieser sogenannten **„Fremdwörter"** *(words of foreign origin)* sind *aggressive, (to) combine, conventional, diplomacy, ethnic, (to) isolate, politics, risk, socialism* und *traditional.*

NOTICE Auch hier die false friends beachten! (↗ S. 6 f.)

Der Kontext: ein Freund in der Not

Häufig können Sie die wahrscheinliche oder ungefähre Bedeutung eines Wortes aus dem Kontext (Sinnzusammenhang) auch ohne Hilfe eines Wörterbuches erschließen.
Unter Kontext versteht man allerdings mehr als nur den Satz, in dem das Wort vorkommt. Ebenso wichtig sind die umgebenden Sätze. Überraschend häufig lässt sich hier ein schon bekanntes Synonym (= Wort mit einer sehr ähnlichen oder gleichen Bedeutung) des unbekannten Wortes finden.

Hier ein Beispiel, an dem Sie erkennen können, wie man den Kontext nutzen kann. Lesen Sie zuerst den Text. Sehen Sie sich dann die unterstrichenen Wörter näher an.

> ... as the two sides continue their squabble over the difficult question of when and if the IRA will give up its weapons. But even if this thorny issue of decommissioning is somehow dealt with, there is still plenty more to fight about.

– *Squabble* muss etwas wie *fight* oder *argument* bedeuten, da im folgenden Satz *plenty more to fight about* den Bezug zu *squabble* herstellt.
– Der Ausdruck *thorny issue* bedeutet etwas Ähnliches wie *difficult question*, das im ersten Satz im gleichen Kontext benutzt wird.
– *Decommissioning* hat offensichtlich etwas mit *giving up weapons* zu tun, da *giving up weapons* im nächsten Satz vor *decommissioning* durch *this* ersetzt wird.

2.2 Intensives Lesen zum Detailverständnis
Close reading for detail

Es wird vermutet, dass in der Oberstufe über zwei Drittel des Englischunterrichts der Textarbeit gewidmet wird. Obwohl sich viele Sprachlehrkräfte wegen dieser ziemlich einseitigen Konzentration auf das Lesen unwohl fühlen, scheint es schwierig zu sein, eine wirkungsvolle Alternative zu finden. Informationen, Vokabeln und Strukturen lassen sich nun einmal anhand von Texten in kurzer Zeit am effektivsten vermitteln. Es sollte also klar sein: Das genaue Lesen, bei dem man auch auf Details achtet, ist eine Fertigkeit, die beim Lernen einer Sprache unverzichtbar ist.

Hier einige praktische Tipps:

LERNTIPP 1 Lesen Sie den **Titel** *(title)* und stellen Sie **Vermutungen** *(predictions)* über den möglichen Inhalt an. Kommen Bilder und **Bildunterschriften** *(captions)* vor, schauen Sie sich diese ebenfalls genau an. Auch diese können Ihnen helfen, den Inhalt des Textes im Vorfeld grob zu erschließen.

LERNTIPP 2 Sehr oft werden **seltene Wörter** *(rare words)* in **Worterklärungen** *(annotations)* unmittelbar nach dem Text angegeben. Schauen Sie sich diese Wörter vor dem Lesen an.

LERNTIPP 3 Wenn dem Text eine (eventuell *kursiv* gedruckte) **Einleitung** *(introduction)* vorausgeht, dann lesen Sie auch diese. Sie ist normalerweise einfach geschrieben und soll Ihnen beim Texteinstieg helfen.

LERNTIPP 4 Lesen Sie den Text einmal durch, um den **groben Sinn** *(general sense)* zu erfassen. Konzentrieren Sie sich dabei auf die **Schlüsselwörter** *(key words)*. Das sind meist Nomen und Verben, die zum Teil durch Adjektive und Adverbien ergänzt werden. (↗ **Mit Schlüsselwörtern arbeiten,** S. 23)

LERNTIPP 5 Schauen Sie sich die Inhaltsfragen an. Sie sind wie ein Wegweiser. Sie verraten, was der Lehrer bzw. Prüfer für wichtig erachtet und nach welchen Inhalten Sie im Text suchen sollen.

LERNTIPP 6 Jetzt sollten Sie den Text noch einmal eingehend und **Satz für Satz** *(sentence by sentence)* lesen. Sollte es einen Satz geben, den Sie nicht verstehen, dann ignorieren Sie ihn zunächst und beschäftigen Sie sich später noch einmal damit. Wenn es wirklich viele unbekannte Wörter gibt, werden Sie sich bestimmt die Bedeutung einiger dieser Wörter zusammenreimen können. (↗ **Ein Wort vorweg** ..., S. 17)

LERNTIPP 7 Benutzen Sie Ihr Wörterbuch nur, um diejenigen Wörter nachzuschlagen, die Sie auf keine andere Weise verstehen können und unbedingt wissen müssen.

LERNTIPP 8 Wenn Sie sich mit den unbekannten Wörtern beschäftigt haben, lesen Sie sich den Text ein drittes Mal durch – diesmal als einen zusammenhängenden Text. Anschließend können Sie die Fragen beantworten.

Das Schreiben von Kurznotizen während des Lesens

Sich Kurznotizen oder Stichpunkte während des Lesens zu machen ist deswegen nicht so schwierig, weil wir nur an unser eigenes Tempo gebunden sind. Wir können jederzeit zurückblättern, um etwas nachzuschlagen, was uns nicht ganz klar ist. Trotzdem haben einige Leute Schwierigkeiten mit der Anfertigung von Kurznotizen. Das Problem ist, dass sie ganze Sätze und sogar Absätze aus dem Originaltext herausschreiben, anstatt sich auf eine Liste von kurzen Notizen zu beschränken.

Die folgenden vier Schritte stellen dar, wie Sie zu wirklich nützlichen Kurznotizen gelangen:

SCHRITT 1 Stellen Sie wie immer sicher, dass Sie den Text verstanden haben, bevor Sie Kurznotizen anfertigen.

SCHRITT 2 Untersuchen Sie den Text auf wesentliche Unterthemen, die Sie als Überschriften nutzen können. Ein neuer Absatz weist meist auf ein neues Unterthema hin. Lassen Sie unter den Überschriften genug Platz für Ihre Notizen.

Hier ein Beispiel für Überschriften aus einem Text über Energie:

fossil fuels

types	advantages	disadvantages

renewable energy sources

types	advantages	disadvantages

SCHRITT 3 In der Praxis werden Ihre Kurznotizen aus einer Liste von **Schlüsselwörtern** *(key words)* bestehen. Dazu gehören vor allem Nomen, Verben und vielleicht Adjektive. Konzentrieren Sie sich auf diese Wortarten und ignorieren Sie alle anderen. Achten Sie auf Signale im Text wie z. B. **Betonungen** *(emphasisers)*, **Wiederholungen** *(repetition)* und **starke Adjektive** *(strong adjectives)* wie *huge, incredible, devastating* usw., die darauf aufmerksam machen, was dem Autor besonders wichtig ist.

SCHRITT 4 Prüfen Sie, ob Sie wirklich alle wichtigen Informationen gesammelt haben. Die wichtigsten Punkte können sehr wohl im ganzen Text verstreut sein. Prüfen Sie auch, ob Sie nicht doch zu viele unwesentliche Details notiert haben.

2.3 Extensives Lesen zum Grobverständnis
Skimming for gist

Beim extensiven Lesen überfliegt man einen Text, ohne auf jedes einzelne Wort zu achten, mit dem Ziel, den **Kernsinn** *(core sense)* zu erkennen. Diese Art zu lesen wenden wir z. B. dann an, wenn wir einen Roman oder einen Zeitungsartikel in unserer Muttersprache lesen.

In der Anwendung ist das extensive Lesen jedoch nicht so einfach, wie es sich anhört. Das Problem ist, dass einige Leser nicht genug Selbstvertrauen haben, „einfach mal so loszulesen" und Mut zur Lücke zu haben. Diese Leute machen sich einfach zu viele Sorgen. Sie fangen vielleicht an, den Text zu überfliegen, greifen aber recht bald schon zum Wörterbuch.

Versuchen Sie es mal so:

LERNTIPP 1 Lesen Sie den Titel und die Einleitung, wenn es denn eine gibt, um herauszufinden, worum es thematisch geht.

LERNTIPP 2 **Aufgaben** *(assignments)*, die extensives Lesen erfordern – z. B.: *Read the text and say how the role of men is changing* –, befinden sich oft vor dem Text. Untersuchen Sie die Aufgaben sorgfältig, bevor Sie mit dem Lesen anfangen.

LERNTIPP 3 Solche Lesetexte sind oft mit Fußnoten versehen. Gehen Sie diese Hilfen ebenfalls durch, bevor Sie anfangen, den eigentlichen Text zu lesen.

LERNTIPP 4 Konzentrieren Sie sich auf die **Schlüsselwörter** *(key words)*. Das sind die zum Teil durch Adjektive und Adverbien ergänzten Nomen und Verben, die die **Kernaussage** *(core sense)* vermitteln. Benutzen Sie Ihre **Worterschließungsfertigkeiten** *(word recognition skills)*, wo auch immer sie angewendet werden können.

LERNTIPP 5 Falls Sie ein wichtiges Schlüsselwort nicht verstehen, lesen Sie einfach weiter. Viele solcher Wörter erschließen sich aus dem Zusammenhang des Textes oder sie werden einige Zeilen später durch ein bekanntes Synonym ersetzt und somit erklärt.

LERNTIPP 6 Sie werden in den allermeisten Fällen mit Texten zu tun haben, die eine **eindeutige Struktur** *(clear structure)* haben. Argumente und Belege werden logisch geordnet und die wichtigsten Aspekte werden meist – z. B. in einer abschließenden

Zusammenfassung – wiederholt, um ihnen ein besonderes Gewicht zu verleihen. Diese Punkte sind für das Textverständnis ebenfalls sehr hilfreich.

Mit Schlüsselwörtern arbeiten

Wörter gehören zu bestimmten Gruppen, z. B. Verb, Nomen, Artikel, Adjektiv und Präposition. Sie werden ihrer Funktion nach in **Wortarten** *(word classes)* eingeteilt.

Das Einzige, was Sie wirklich über diese Wortarten wissen sollten, ist, dass der wesentliche Inhalt eines Textes durch Nomen, Verben oder Verbkonstruktionen *(can come, ought not to go)* und manchmal durch Ergänzungen (Adjektive und Adverbien) vermittelt wird. Deswegen werden diese Wortarten oft **„sinntragend"** *(sense transmitting)* oder auch *content words* genannt.

Schauen Sie sich diesen Satz aus einem Leserbrief zum Thema Arbeitslosigkeit an:

> I'd like to object most strongly to the one-sided reporting on unemployed people that has appeared in your paper in recent months.

Die wichtigen *content words* sind *object to, one-sided reporting* und *unemployed people*. Die übrigen Wörter und Ausdrücke, z. B. *I'd like to …, has appeared* und sogar *in recent months*, vermitteln nicht den wesentlichen Sinn.

Wenn Sie Ihre Konzentration auf die Schlüsselwörter richten, werden Sie merken, dass diese Strategie Ihnen erlaubt, schneller und effektiver mit Texten zu arbeiten. Auch das Lesen werden Sie als angenehmer empfinden – und genau darum geht es doch schließlich.

3 Hörverständnis

Es ist verständlicherweise schwieriger, Kurznotizen zu einem gesprochenen Text zu machen, als Stichpunkte zu einem schriftlichen Text anzufertigen. Ein Interview beispielsweise läuft weiter, während Sie mitschreiben. Das bedeutet, dass Sie schnell zurückfallen und wichtige Punkte verpassen können.

NOTICE Die goldene Regel lautet hier: Keep cool.

Wenn Sie zurückfallen, dann machen Sie nicht den Fehler, schneller und schneller zu schreiben, um wieder aufzuholen. Kümmern Sie sich nicht um den Teil, den sie verpasst haben – verfolgen Sie das Interview an der Stelle weiter, an der es sich gerade befindet.
Die schwierige Situation, dem fortlaufenden Text folgen zu müssen, hat allerdings auch einen großen Vorteil: Sie sind zumindest gezwungen, echte Kurznotizen zu machen, anstatt umständlich ganze Passagen wörtlich mitzuschreiben.

Hier sind wieder einige Tipps:
LERNTIPP 1 Hören Sie sich den gesamten Text zunächst in Ruhe an, um grob zu verstehen, worum es geht. Sie brauchen dazu nicht jedes Wort zu verstehen. Machen Sie zu diesem Zeitpunkt noch keine Notizen, hören Sie nur gut zu.

LERNTIPP 2 Wenn Sie beim ersten Hören des Textes Schwierigkeiten haben, brechen Sie nicht in Panik aus. Hören Sie sich den Text noch einmal abschnittsweise an (Pause-Taste!). Machen Sie noch keine Notizen.

LERNTIPP 3 Wenn es Ihre Aufgabe ist, **spezifische Informationen** *(specific information)* z. B. über die Ursachen der Arbeitslosigkeit oder die Vorteile erneuerbarer Energien herauszufinden, achten Sie nur auf diese Informationen und schreiben Sie diese kurz auf. Lassen Sie sich nicht von anderen Themen ablenken oder beeinflussen.

LERNTIPP 4 Für **Kurznotizen** *(brief notes)* eignen sich vor allem **Schlüsselwörter** *(key words)* oder **sinntragende Wörter** *(content words)*. Das sind meist Nomen und Verben, die manchmal durch Adjektive und Adverbien ergänzt werden. Gerade in Hörtexten kommen meist eine ganze Reihe von **Floskeln** *(stereotyped phrases)*, **Wiederholungen** *(repetition)* und **Belanglosigkeiten** *(irrelevancies)* vor. Oft ist die **Kernaussage** *(core sense)* des Textes in relativ wenigen Sätzen zum Ausdruck gebracht. Die Fähigkeit, zwischen diesen beiden Ebenen zu unterscheiden, ist der Schlüssel zum Erfolg.

LERNTIPP 5 Lassen Sie sich nicht beirren, wenn Sie etwas nicht verstehen können. Übergehen Sie diesen Teil einfach und hören Sie weiter zu. Sie werden merken, dass sich manches später von selbst klärt.

LERNTIPP 6 Verschwenden Sie keine Zeit damit, Wörter ganz auszuschreiben. Benutzen Sie:

- Zeichen, z. B. = für *is/are the same as;* ≈ für *approximately/ „more or less“*; < > für *is/are less/more than;* # für *number;* 1/2 für *half* usw.
- Abkürzungen, z. B.: ie/i.e. für *that is/means,* km für *kilometres,* ca./approx. für *approximately,* asp für *as soon as possible,* sb/sth für *somebody/something,* MP für *member of parliament,* UN für *United Nations,* EU für *European Union* usw.
- Teile längerer Wörter, z. B.: dev. für *development;* educ. für *education;* env. für *environment;* govt. für *government;* pols. für *politicians.*

LERNTIPP 7 Schreiben Sie Ihre Kurznotizen so bald wie möglich noch einmal sauber auf – ansonsten kann es passieren, dass Sie später Ihre eigene Schrift nicht mehr lesen können oder fantasievolle Abkürzungen nicht mehr verstehen.

LERNTIPP 8 Versuchen Sie, so oft wie möglich vorbereitete Überschriften zu benutzen, um Ihre Notizen systematisch anordnen zu können. Sie sparen außerdem Zeit, die Sie beim Schreiben und Zuhören gut gebrauchen können. Ein Schema wie das unten abgebildete kann sehr hilfreich sein. Dieses hier gehört zu einem Gespräch über die veränderten Rollen von Männern und Frauen.

	men	women
changed or changing role		
reasons		
consequences		

Visuelle Fertigkeiten

4.1 Wichtige Terminologie
Important terminology

Was sind „visuelle Fertigkeiten“?
Im Englischunterricht sollen vier allgemeine Sprachfertigkeiten entwickelt werden: **Lesen** *(reading)*, **Schreiben** *(writing)*, **Hören** *(listening)* und **Sprechen** *(speaking)*.
Seit einiger Zeit gehört zu diesem Quartett eine fünfte Fertigkeit, nämlich das **Schauen** *(viewing)*. Darunter versteht man Fertigkeiten, die Sie brauchen, wenn Sie einen Kino-, Fernsehfilm oder ein Theaterstück unter kritischen Gesichtspunkten ansehen wollen.

Was ist „Medienverständnis“?
Medienverständnis bedeutet mehr, als einen Film nur passiv konsumieren zu können. Dazu gehört vielmehr auch die Fähigkeit, verschiedene mit dem Medium verbundene Aspekte verstehen und kommentieren zu können.
Solche Aspekte sind
a ein **Medium** *(media)*, z.B. einen Roman, in ein anderes Medium, etwa einen Film, umzuformen („Visualisierung“ oder „Konversion“),
b die Intention des Regisseurs zu erkennen und zu deuten und
c die Funktion von **Kameratechniken** *(camera techniques)* und **Toneffekten** *(sound effects)* zu beschreiben und zu erklären.

Was ist „Visualisierung“?
Visualisierung *(visualisation)* bedeutet, ein literarisches Medium, meistens einen Roman, in einen Film umzuwandeln. Den

Vorgang, einen Film in ein prosaisches Medium umzuwandeln, was übrigens viel weniger häufig geschieht, nennt man **Verbalisierung** *(verbalisation).*
Vergleichen Sie einen **Roman** *(novel)* mit einem Film. Wie vermittelt ein Autor dem Leser Informationen? Wie vermittelt ein Filmemacher dieselben Informationen einem Zuschauer?

Roman	Film
geschriebener Dialog prosaische Beschreibung von …	gesprochener Dialog
… Handlungsrahmen	Bilder des Handlungsrahmens
… Atmosphäre	Beleuchtung, Filmmusik
… Bewegung	Bilder der Schauspieler in Aktion
… Gestik, Mimik	Bilder der Schauspieler
… Gefühle, Gedanken	gesprochener Dialog, schauspielerische Darstellung (siehe unten)

“The film isn’t nearly as good as the novel.”
Enttäuschung macht sich oft breit, wenn man sich die Filmversion eines Romans anschaut. Der Film mag zwar ein wunderbares Medium für die Handlung, den Handlungsrahmen und die Atmosphäre sein – die Welt der Gefühle und Gedanken ist jedoch nur schwer auf Film zu bannen.
Dieses Problem wird mit **drei Strategien** (mehr oder weniger erfolgreich) gelöst:

1 Mit Einschränkungen können Gefühle und Gedanken durch gesprochenen Dialog artikuliert werden. So wird ein Schauspieler in der Filmversion eines Romans laut aussprechen, was der Romancharakter denkt oder fühlt. Verbalisierung, die Technik, Gedanken in gesprochene Sprache umzuwandeln, wird oft angewandt, um die Gedanken einer Romanfigur über die nächste Zukunft (was wohl passieren wird) im Film darzustellen.

2 Gefühle und Gedanken werden manchmal auch durch Techniken wie die folgenden visualisiert, die Sie im Glossar (↗ 4.2) wiederfinden können: *flashback, flash-forward, dream sequence* und *fuzzy shot.*

3 Gefühle und Gedanken werden oft aber auch einfach ausgelassen. Das nennt man im Englischen *omission*. Diese „Auslassung" kann dazu führen, dass Zuschauer einen Film mit den Worten kommentieren: „Der Film ist ja nicht mal halb so gut wie das Buch."

4.2 Glossar mit Anwendungssätzen

Glossary of terms with example sentences

NOTICE In dieser Zusammenstellung zentraler Vokabeln bezieht sich das Wort Subjekt auf die Menschen, Tiere oder Objekte, welche die Kamera filmt. Außerdem benutzen wir das Pronomen *it* für ein Subjekt, selbst wenn es sich um eine Person handelt. Die kursiv gesetzten Beispielsätze sind frei erfunden und beziehen sich auf keinen bestimmten Film.

CAMERA RANGE – *Einstellungsgröße*

1 Extreme long shot – *Weitwinkeleinstellung*

Weitwinkeleinstellung mit Umgebung, Ansammlungen von Menschen oder Menschen im Freien vor einem weiten Hintergrund.

→ *The film opens with an extreme long shot of the park. Some people* ***are sunbathing*** *while others* ***are strolling*** (bummeln) *along the paths.*

NOTICE Benutzen Sie das ***present progressive,*** um zu sagen, was auf der Leinwand in dem Moment passiert, den Sie gerade beschreiben.

2 Long shot – *Totale*

Einstellungen auf mittlerer Höhe mit Straßenszenen, Menschen in einem größeren Gebäude, z. B. einer Eingangshalle, einem Hörsaal oder in einem Theater.

→ *Then the camera takes a long shot of some children playing with a ball.*

NOTICE Eine Totale machen = *(to)* ***take*** *a long shot*

3 Establishing shot – *Übersichtseinstellung*

Eine bedeutende Einstellung, die für einige Sekunden in den Anfang einer neuen Sequenz oder Szene einführt. Diese Einstellung wird eingesetzt, um den Ort und die Zeit einer Handlung festzulegen, z. B. ein sonniger Strand, eine dunkle Straße mit Laternen oder eine Familie beim Fernsehabend. Deshalb sind Übersichtseinstellungen normalerweise eine Weitwinkeleinstellung oder eine Totale (vgl. 1 + 2).

→ *The establishing shot at the beginning of the film takes the form of an extreme long shot of a park.*

4 Medium long shot – *Halbtotale*

Eine Einstellung mit kleineren Gruppen, z. B. Kampfszenen, Partys, Sportereignisse, bei denen Menschen im Hintergrund von Kopf bis Fuß zu sehen sind, während im Vordergrund die Oberkörper der Handelnden zu sehen sind.

→ *After that, there is a medium long shot of a girl running after the ball with other children in the background.*

5 Full shot – *Halbnahaufnahme*

Eine Einstellung vor einem direkten Hintergrund mit einzelnen Akteuren, die in eine Aktivität vertieft sind, z. B. eine Unterhaltung, eine Liebesszene, Menschen bei der Arbeit usw.

→ *In a full shot, we see the child picking up the ball with a dog running towards her in the immediate background.*

6 Medium close shot – *amerikanische Einstellung*
Eine Einstellung, die nur die Oberkörper der Subjekte vor einem direkten Hintergrund zeigt, z. B. wie eine Person in eine Tasche greift oder eine Jacke auszieht, wie ein Polizist seine Waffe in die Hand nimmt oder wie sich ein Liebespaar gegenseitig auszieht.
→ *The camera closes in on the dog to take a medium close shot of it barking at the girl.*

7 Close shot – *Nahaufnahme*
Eine Einstellung, die den Kopf und die Schultern von ein bis zwei Menschen zeigt. Oft werden Menschen dargestellt, während sie in ein Gespräch vertieft sind, sich umarmen, küssen oder einander bedrohen.
→ *There is then a close shot of the girl looking at the dog with a frightened expression on her face.*

8 Close-up – *Großaufnahme*
Eine Einstellung, die nur den Kopf und Hals eines Darstellers zeigt. Betont Mimik, z. B. Ärger, Schmerz, Überraschung und in Actionfilmen Gesichtsverletzungen.
→ *We see the girl's mother in close-up. She looks worried.*

9 Extreme close-up – *Detailaufnahme*
Diese Aufnahme zeigt nur einen Teil des Gesichts, meistens die Augen oder den Mund. Wird auch eingesetzt, um wichtige Objekte zu zeigen, z. B. eine Waffe.
→ *The dog's jaws fill the screen in an extreme close-up as it attacks the girl.*

CAMERA ANGLE – *Einstellungsperspektive*

1 Straight-on angle – *Normalsicht*
Auf Augenhöhe, horizontal, als sei die Kamera ein menschliches Auge. Die gängigste Kameraeinstellung.
→ *The extreme long shot at the beginning of the film is taken at a straight-on angle as if the camera were a spectator in the park.*

2 Low angle/worm's eye view – *Untersicht/Froschperspektive*
Weit unter Augenhöhe mit einem Winkel von 45° oder mehr. Subjekte erscheinen viel größer und bedrohlicher, als sie wirklich sind.
→ *There is a low angle view of the dog as it moves slowly towards the girl. From this angle it appears to be enormous.*

3 High angle/bird's eye view – *Aufsicht/Vogelperspektive*
Weit über Augenhöhe mit einem Winkel von 45° oder mehr. Subjekte erscheinen kleiner und weniger bedrohlich, als sie wirklich sind.
→ *The camera then moves to a high angle view of worried people running across the grass towards the girl and the dog. From this (high) angle they appear to be small and panic-stricken.*

CAMERA MOVEMENT – *Kamerabewegung*

1 Stationary camera – *statische Kamera*
Die Kamera wird während der Einstellung nicht bewegt und die Brennweite verändert sich ebenfalls nicht. Die Kamera filmt die Szenerie wie eine Person, die das Bild regungslos und ohne optische Hilfsmittel (wie z. B. Ferngläser) beobachtet. Dies ist die gängigste und realistischste Kamerabewegung, auch die Technik der **„Fliege an der Wand"** *(fly on the wall)* genannt.
→ *The establishing shot is taken with a stationary camera to give the audience the impression of normal activity in the park.*

2 Panning – *Schwenk*
Die Kamera bleibt an einem Platz, wird aber von einer Seite zur anderen oder hoch- und runtergeschwenkt, um den Bewegungen des Subjekts zu folgen. Ähnlich bewegen sich Kopf und Augen eines Zuschauers bei einem Fußballspiel.
→ *As the dog springs at the girl, the camera pans round to the anxious mother.*

3 Travelling shot – *Kamerafahrt*
Die Kamera folgt horizontal einem sich bewegenden Subjekt, z. B. bei einer Autoverfolgungsjagd oder während eines Pferderennens.
→ *There is a long travelling shot as if the camera is running along parallel to and slightly behind the dog.*

4 Zoom – *Zoom*
Die Kamera bewegt sich nah an ein Subjekt heran, um einen Eindruck der Nähe zu schaffen, oder sie entfernt sich, um Distanz auszudrücken. Bei kurzen Entfernungen kann dies bei statischer Kameraposition durch bloßes Verändern der Brennweite erreicht werden.
→ *As the dog gets nearer, the camera zooms in on the girl to take a close-up shot.*

CAMERA AXIS – *Verhältnis von Handlungsachse und Kameraachse*

1 Parallel axis – *Parallelachse*
Ein Subjekt bewegt sich zur Kamera hin oder von ihr weg und tut dies mehr oder weniger auf einer geraden Linie. So fährt z. B. ein Auto auf einer geraden Straße „aus dem Bild“, eine Person kommt in Richtung des Zuschauers in ein Zimmer oder die Landung eines Flugzeugs wird frontal aufgenommen.
→ *The camera employs/uses a parallel axis to show the dog moving towards the girl.*

2 Vertical axis – *Vertikalachse*
Das Subjekt wird seitlich beobachtet. Beispiele sind eine seitliche Ansicht zweier Menschen, die sich unterhalten, spazieren gehen oder sich küssen.
→ *The camera makes use of a vertical axis to show the dog preparing to attack the girl.*

TRANSITION – *Einstellungskonjunktion*
Wie der englische Ausdruck verrät, steckt hinter der Einstellungskonjunktion die Verbindung oder der „Transit“ von einer Einstellung zur nächsten. Das heißt, mehrere Einstellungen werden zu einer Serie verbunden.

1 Cut – *harter Schnitt*
Sharp transition: von einer Einstellung zur nächsten, wie in einer Serie von Schnappschüssen.
→ *The camera cuts from the girl, who has not yet seen the approaching dog, to the anxious mother.*
NOTICE *(to) cut from … to …*

2 Jump-cut – *Schuss-Gegenschuss*
Die Einstellungen wechseln zwischen zwei oder mehr Subjekten hin und her, z. B. in einer Verfolgungsszene oder bei einem Treffen. Schuss-Gegenschuss-Einstellungen beschleunigen die Handlung und erhöhen die Spannung. (↗ **Medium long shot,** S. 30)
→ *There is a frantic series of jump-cuts as the camera cuts back and forth between the girl, the dog and the mother, who is now runnning towards her daughter.*

3 Dissolve – *Überblendung*
Das Ende einer Einstellung geht in den Beginn der nächsten Einstellung nahtlos über, als ob die Einstellungen sich überschneiden. Das führt zu einer Verlangsamung der Handlung und zu einer Abnahme der Spannung. (↗ oben **Jump-cut**)
→ *The transition from the attack on the girl to her serious injury is in the form of a dissolving shot showing blood on the dog's mouth and on the surrounding grass.* (Adj. + Nomen)
→ *The shot of the dog attacking the girl dissolves into a shot of blood on the grass.* (Verb)

4 Fade-out – *Abblende*
Das Subjekt wird immer dunkler und weniger sichtbar, bis es schließlich ganz verschwindet. (↗ unten **Fade-in**)
→ *The shot of the blood fades out and disappears.* (Verb)
→ *The attack sequence ends with a fade-out shot of the girl's blood.* (Nomen)

5 Fade-in – *Aufblende*
Das Subjekt wird heller und erkennbarer, bis es vollständig erscheint.
→ *After the attack, the park warden's office fades in.* (Verb)
→ *The scene following the girl's injury begins with a fade-in shot to the park warden's office.* (Nomen)

EDITING – *Montage*

1 Scene – *Szene*
Eine Serie miteinander verbundener Einstellungen, die an einem Ort stattfinden und sich ausschließlich mit einem Ereignis oder einer Situation beschäftigen, z. B. ein Bankraub oder eine Liebesszene.
→ *The attack scene is made up of a succession of over 20 shots showing the girl, the dog and the mother.*

2 Sequence – *Sequenz*
Eine Reihe von Szenen, die eine Geschichte erzählen. Ein Film besteht aus einer Folge miteinander verbundener Sequenzen.
→ *The first sequence in the film comprises scenes of people in the park sunbathing or strolling in the park, children at play, the girl running to get the ball, the dog approaching the girl, the mother's reaction to what she sees might happen, the attack on the girl and finally the girl's serious injuries.*

3 Cross-cutting – *Parallelmontage*
Zwischen zwei oder mehr Szenen, die zur selben Zeit stattfinden (simultane Handlung), wird hin- und hergeschaltet. Ein Quer-

schnitt steigert die Spannung und Dramatik ins Unendliche. (↗ **Jump-cut,** S. 34)

→ *In quick succession, the camera cross cuts between the girl running to get the ball and the dog moving towards her.*

4 Flashback – *Rückblende*

Vergangene Ereignisse, die in die Gegenwart eingefügt werden, z. B. wenn sich eine Figur an ihre oder seine Kindheit erinnert. Eine Rückblende kann auch in der Form einer Traumsequenz auftreten. (↗ unten 5 + 6)

→ *When the warden is trying to persuade his boss to forbid dangerous dogs in the park, there is a flashback to the attack on the girl.*

5 Flash-forward – *Vorausblende*

Ein zukünftiges Ereignis, das in die Gegenwart eingefügt wird, z. B. wenn eine Figur an ein zentrales Ereignis denkt, das vielleicht passiert oder passieren könnte. (↗ oben **Flashback**)

→ *When the warden is trying to persuade his boss to forbid dangerous dogs, there is a series of flash-forwards to what could happen if he does not agree.*

6 Dream sequence – *Traumsequenz*

Eine Traumsequenz ist meistens eine Rückblende in einem unscharfen Rahmen. So werden oft die Gedanken und Gefühle des Subjekts bildlich dargestellt. (↗ oben **Flashback**)

→ *There is a moving dream sequence as the mother later relives the attack on her young daughter.*

7 Fuzzy shot – *verschwommenes Bild*

Ein verschwommenes Bild ist eigentlich eine Tricktechnik, die eine klare Trennung zwischen der bildlichen Darstellung der Gedanken und Gefühle auf der einen und der greifbaren Handlung auf der anderen Seite zieht. Traumsequenzen sind oft durch ein verschwommenes Bild gekennzeichnet.

→ *The fact that the warden is thinking about what might happen if dangerous dogs continue to be allowed in the park is marked by the use of fuzzy shots.*
→ *Fuzzy shots are used to make it clear to the audience that the scene is about the warden's fears.*

4.3 Wie man einen Film analysiert

Analysing films

Im Zentrum des Interesses sind hier die speziellen Merkmale des Films als Medium. Den Inhalt eines Films zu analysieren gleicht jedoch der Vorgehensweise, die auch bei jedem anderen fiktionalen Werk eingesetzt wird. Es ist deshalb notwendig, in diesem Zusammenhang auch die folgenden Kapitel hinzuzuziehen: Erzählperspektive (↗ S. 81 ff.), Handlungsort und Atmosphäre (↗ S. 76 ff.), Charakterisierung (↗ S. 84 ff.).

LERNTIPP 1 Finden Sie so viel wie möglich über den Film heraus, bevor Sie ihn sich anschauen. Sie können den Titel in einem Filmlexikon nachschlagen oder Informationen zu dem Film im Internet suchen. Benutzen Sie dafür eine **internationale Suchmaschine** *(international search engine)* wie z. B. Google oder Yahoo. Die am häufigsten genutzte Suchmaschine ist Google. Sie ist inzwischen so gebräuchlich, dass sich im Deutschen sogar das Verb „googeln" eingebürgert hat. Es ist zweckmäßig, das internationale Verzeichnis einer globalen Suchmaschine zu nutzen, da die Informationen schon auf Englisch angegeben sein werden.

LERNTIPP 2 Machen Sie nicht den Fehler, zu versuchen, den Film gleich beim ersten Anschauen zu analysieren. Schauen Sie sich den gesamten Film einmal an, um grob die Handlung zu verstehen. Sie brauchen nicht alles zu verstehen – überspringen Sie einfach Szenen, die Sie überhaupt nicht verstehen, und folgen Sie weiter dem Film. (↗ **Hörverständnis,** S. 24 ff.)

LERNTIPP 3 Bei der Analyse sollten Sie sich im Gegensatz zum bloßen Anschauen ausschließlich auf die Schlüsselereignisse oder -sequenzen konzentrieren und den Rest ignorieren. Untersuchen Sie diese Sequenzen Szene für Szene.

NOTICE Versuchen Sie nicht zu viel auf einmal zu machen. Sie werden sich schnell nicht mehr konzentrieren können und möglicherweise ganz den Faden verlieren. In aktuellen Filmen wie z. B. *The Tourist* sind fünf Minuten viel Zeit. Die meisten Szenen dauern nur 90 Sekunden oder noch weniger.

LERNTIPP 4 DVDs werden in der Schule zum Einsatz gebracht, um visuelle Fertigkeiten zu trainieren. Benutzen Sie die Pause-Taste und nehmen Sie sich Zeit für Kurznotizen *(brief notes)*. Spulen Sie im Film zurück, um Szenen zu wiederholen, die Sie nicht verstanden haben.

LERNTIPP 5 Wie auch beim Hörverständnis ist es hilfreich, eine Tabelle wie die folgende vorzubereiten, bevor Sie eine Szene analysieren:

scene	action	camera
in park, people in background	people sunbathing/ playing ball/ picnicking/strolling	extreme long shot, straight-on angle

4.4 Gängige Aufgaben

Typical assignments

Wenn Sie im Englischunterricht Filme analysieren, können Sie mit Aufgaben konfrontiert werden, die den folgenden gleichen:

Before viewing

- *What do you think the film could be about?*
- *What do you know about this film already?*
- *Have you seen the German version of the film?*
- *The film is based on a novel by … Have you read the novel?*
- *What do you know about the main actors?*
- *Have you seen any other films by this director?*
- *Have you seen any other film based on this author's novels?*

During viewing

- *Summarise what has just happened.*
- *Summarise the sequence when …*
- *From whose point of view is the story/sequence told?*
- *Ask each other questions about the story so far.*
- *Say how the film could go on.*
- *Give a running commentary on the sequence when …*
- *Role play the conversation between X and Y.*
- *Role play the scene when …*
- (ohne Ton) *What are the characters saying?*

After viewing

- *Complete the text with the missing words and expressions.*
- *Write and act an argumentative dialogue about the film.*
- *Give a talk on the film or on a related topic.*
- *Interview* (Name) *about his/her role in the film.*
- *Interview the director about the film.*
- *Interview the author of the original novel about the film version.*
- *What is your own opinion of the film?*

5 Übersetzung und Mediation

5.1 Was versteht man unter „Übersetzung"?
What is meant by "translation"?

Heutzutage misst man im Bereich Übersetzung der **sinngemäßen Wiedergabe** eines englischen Textes mehr Bedeutung zu als dem genauen Übertragen englischer Wörter und Strukturen ins Deutsche. Konkret heißt das, anstatt sich zu fragen, „Wie sieht dieser Satz auf Deutsch aus?", sollten Sie sich fragen: „Wie drücken wir diese Gedanken auf Deutsch aus?"
Aber freuen Sie sich nicht zu früh: Professionelle Übersetzer mögen so arbeiten können, aber das hört sich doch viel einfacher an, als es in Wirklichkeit ist. Es ist zwar paradox, aber Sie brauchen bei schwierigen Texten bessere fremdsprachliche Fähigkeiten für die **„freie Übersetzung"** *(free translation)* als für die **„wörtliche Übersetzung"** *(literal translation).* In der Praxis werden Sie es einfacher finden, sich ziemlich eng am englischen Text zu orientieren, weil Sie so konkreter und systematischer arbeiten können.

Arbeitsschritte

Die folgenden Arbeitsschritte können auf dem Weg zu einer gelungenen Übersetzung sehr hilfreich sein. Achten Sie jedoch auch bei diesem Weg auf heimtückische Stolperfallen.

SCHRITT 1 Wie sonst auch fangen Sie nicht sofort an zu schreiben. Lesen Sie den gesamten Text durch, um die **Kernaussage** *(core sense)* zu erfassen. Vergessen Sie nicht, dass der **Titel** *(title)* auch zum Text gehört und viel über diesen verrät.

SCHRITT 2 Lesen Sie den Text noch einmal gründlich durch.

Unterstreichen oder markieren Sie Wörter, Ausdrücke und vielleicht auch Satzstrukturen, die Sie nicht verstehen.

NOTICE Beachten Sie dabei: *"Don't use your dictionary, use your head."*

SCHRITT 3 Wenden Sie zunächst ihre **Worterkennungsfertigkeiten** *(word recognition skills)* an, um die Bedeutungen unbekannter Wörter herauszufinden. Vergessen Sie aber nicht, dass viele Wörter mehrere Bedeutungen haben. Sie dürfen ein Wort nie einzeln betrachten, da der Sinnzusammenhang die wahre Bedeutung festlegt.

SCHRITT 4 Wenn Sie den englischen Text verstanden haben, können Sie damit anfangen, ihn ins Deutsche zu übersetzen.

SCHRITT 5 Wenn Sie mit der Übersetzung fertig sind, vergleichen Sie diese unbedingt mit dem Original, um sicherzugehen, dass Sie nichts übersehen haben.

SCHRITT 6 Schließlich sollten Sie die englische Version danebenlegen und prüfen, ob Ihre Übersetzung in korrektem und verständlichem Deutsch geschrieben ist.

NOTICE

- Schreiben Sie mit doppeltem Zeilenabstand, damit Sie genug Platz für Korrekturen haben.
- Schreiben Sie vorläufige Übersetzungen mit Bleistift, um Sie später leicht verändern zu können.
- Achten Sie schließlich noch auf die im Folgenden beschriebenen Probleme mit Eigennamen und mit Vokabeln. Diese sorgen sehr oft für Fehler.

1 Namen – *names*

Benutzen Sie die deutschen Entsprechungen für Ländernamen, z. B. *die Vereinigten Staaten, die Türkei, Skandinavien* und *Südafrika*. Das Gleiche gilt für Institutionen wie *die Europäische Union, die Weltbank, das Rote Kreuz, die Vereinten Nationen* usw. Versuchen Sie andererseits nicht, Eigennamen zu übersetzen, für die es keine deutsche Entsprechung gibt – *Greenpeace* bleibt „Greenpeace“ und wird nicht zu „grüner Frieden“.

2 Probleme mit Vokabeln – *Problems with vocabulary*
Bei vielen Wort- und Ausdrucksfehlern handelt es sich oft um
a die Verwechslung von ähnlich klingenden deutschen und englischen Wörtern („falsche Freunde“) und um
b englische Wortpaare, die ohnehin oft verwechselt werden *(confusables).*
In diesem Zusammenhang sehen sich Sie unbedingt die folgenden Listen an: ↗ **1.1 „falsche Freunde“**, S. 6 f. ↗ **1.2**, S. 8 ff.

3 Probleme mit englischen Satzstrukturen – *Problems with English structures*
NOTICE Passen Sie bei den folgenden englischen Strukturen besonders auf. Man kann sie nämlich nicht wörtlich ins Deutsche übersetzen.

- **Der Infinitiv** *Infinitives*

– *Unfortunately the boss refuses* ***to pay*** *us more money.*
→ Leider weigert sich der Chef, uns mehr Geld zu bezahlen.

- **Die Verlaufsform der Zeiten** *The progressive tenses*

– *The government* ***is building*** *a huge dam in Alaska.*
→ Die Regierung baut momentan/zurzeit einen riesigen Staudamm in Alaska.
– *The driver* ***was using*** *a mobile phone when the accident happened.*
→ Der Fahrer benutzte (gerade) ein Handy, als der Unfall passierte.
– *Unemployment* ***has been rising*** *steeply since 2007.*
→ Die Arbeitslosigkeit steigt seit 2007 steil an.

- **Das going to-Futur** *The going to-future*

– *Unemployment* ***is going to grow.***
→ Die Arbeitslosigkeit wird (sicherlich) wachsen.
– *BMW* ***is going to build*** *a new factory in China.*
→ BMW hat vor, eine neue Fabrik in China zu bauen.

■ **Einschränkende und betonende Adverbien** *Qualifying and emphasising adverbs*
Besonders sorgfältig müssen Sie die folgenden Adverbien übersetzen, da diese den Sinn einer Aussage verändern:
- Adverbien der **Häufigkeit** wie *often, seldom, sometimes*
- Adverbien des **Grades** wie *quite, rather, particularly* und
- **Satzadverbien** wie *on the whole, generally speaking, of course, unfortunately.* Prüfer/-innen achten besonders auf die genaue Wiedergabe solcher Adverbien.

■ **Das Passiv** *The passive*
- *I'm afraid we weren't treated fairly.*

→ Leider hat man uns nicht fair behandelt.
- *It **mustn't be forgotten** that all humans are equal in the eyes of God.*

→ Man darf nicht vergessen, dass vor Gott alle Menschen gleich sind.
- *Shakespeare **is said to have been** only an average pupil.*

→ Man sagt, dass Shakespeare nur ein durchschnittlicher Schüler war.
- *Bill Gates **is said to be** incredibly rich but very modest.*

→ Bill Gates soll unglaublich reich, aber sehr bescheiden sein.

■ **Die indirekte Rede** *Reported speech*
- *The accused said he **was** innocent.*

→ Der Angeklagte sagte, dass er unschuldig sei.

■ **Der Relativsatz ohne Relativpronomen** *Contact clauses*
- *In Wetter there is a **factory built** by Friedrich Harkort.*

→ Es gibt in Wetter eine Fabrik, die von Friedrich Harkort gebaut wurde.

■ **Das Gerundium und das Partizip Präsens** *Gerunds and present participles*
- *The man **going** into the bank is my neighbour.*

→ Der Mann, der gerade in die Bank geht, ist mein Nachbar.
- *Sarah loves **living** in France.*

→Sarah lebt sehr gerne in Frankreich.
- ***Having achieved*** *their aim, many soldiers left Iraq.*
→Nachdem sie ihr Ziel erreicht hatten, verließen viele Soldaten den Irak.

5.2 Was versteht man unter „Mediation"?

What is meant by "mediation"?

Unter „Mediation" versteht man die Vermittlung von bestimmten Informationen aus einem längeren deutschen bzw. englischen Text in die Zielsprache. In Prüfungen sind die zu vermittelnden Informationen meist hervorgehoben.

NOTICE Bei der Mediation geht es ausschließlich um die **Vermittlung von Inhalten** von der einen Sprache in die andere. Eine **wörtliche Übersetzung** ist nie gefragt.

Arbeitsschritte

SCHRITT 1 Die Aufgabenstellung wird im Deutschen verfasst. Lesen Sie sich diese durch.

SCHRITT 2 Zunächst lesen Sie den gesamten Text extensiv zum **Grobverständnis** *(skimming for gist)*. (↗ 2.3, S. 21 ff.)

SCHRITT 3 Lesen Sie sich alle hervorgehobenen Abschnitte gründlich durch.

SCHRITT 4 Konzentrieren Sie sich jetzt auf die markierten Stellen der Reihe nach. Machen Sie Kurznotizen in der Originalsprache.

SCHRITT 5 Kontrollieren Sie Ihre Notizen. Haben Sie sämtliche Punkte abgedeckt? Sind auch überflüssige Punkte dabei?

SCHRITT 6 Abschließend schreiben Sie den Text in der Zielsprache.

Textanalyse

NOTICE Es kommt nur selten vor, dass ein Sachtext rein informativ, instruktiv, argumentativ usw. ist. In der Regel können wir aber einen deutlichen Schwerpunkt ausmachen. Ein **Zeitungsbericht** *(press report)* mag etwa gewisse wertende Elemente enthalten, obwohl die Hauptabsicht ist, den Leser über ein Ereignis oder eine Situation zu informieren bzw. aufzuklären.

6.1 Informative Sachtexte

Informative texts

Die Intention eines informativen Textes besteht hauptsächlich darin, Informationen über ein Thema ohne Kommentar zu vermitteln. Typische Beispiele sind **Zeitungsberichte** *(press reports)*, **Sitzungsprotokolle** *(minutes of meetings)* und **Informationsbroschüren** *(information brochures)*.
Informative Texte vermitteln konkrete Tatsachen, die alle oder einige der sechs Fragen **wer?** *(who?)*, **was?** *(what?)*, **wo?** *(where?)*, **wann?** *(when?)*, **wie?** *(how?)* und **warum?** *(why?)* beantworten. In Zeitungsberichten – der am weitesten verbreiteten informativen Textart, die in der Schule eingesetzt wird – werden häufig **direkte Zitate** *(direct quotations)* und **Augenzeugenaussagen** *(eye-witnesses' statements)* verarbeitet.

Hier ein Beispiel für einen informativen Sachtext, einen **Zeitungsbericht** *(press report)*:

WikiLeaks founder Julian Assange remains in custody after Swedish prosecutors appealed against a decision to grant him bail.

The 39-year-old Australian is wanted by prosecutors in Sweden over claims that he sexually assaulted two women. At an extradition hearing at City of Westminster Magistrates' Court this afternoon, a judge granted him conditional bail – only for him to be told two hours later that he must remain behind bars pending the appeal, which must be heard within the next 48 hours. Speaking outside the court, solicitor Mark Stephens said: "Finally, after two hours we have heard that the Swedes will not agree to the judge's decision and they want to put Mr Assange through yet more trouble, more expense and over more hurdles. They clearly will not spare any expense to keep Mr Assange in jail. This is really turning into a show trial."
(from: Daily Telegraph, London, 15 December 2010)

6.2 Erläuternde Sachtexte
Expository texts

Die Absicht eines erläuternden Textes ist, einen Vorgang, ein **Vorhaben** *(plan)* oder eine Situation anhand von konkreten Fakten und Einzelheiten objektiv und **wertfrei** *(impartially)* darzustellen und zu erklären. Typische Beispiele sind **Zeitungsreportagen** *(feature articles)*, **Dokumentarberichte** *(documentaries)* sowie **technische** und **naturwissenschaftliche Texte** *(technical and scientific texts)*.

Hier ein Beispiel für einen erläuternden Text:

The new "personal data card" for asylum-seekers that has been developed in the Netherlands is not the same as an ID card. A typical ID card just has basic information such as the holder's name, age and address, printed on it. This information is, of course, known to the holder as well as the issuer, and is regulated by law. Personal data cards, on the other hand, are equipped with a computer chip that can store everything that is on an ordinary ID card, plus up to 36 more items of information as well. These include such data as finger prints, police record, details of family, full medical history, details of income and employment, including social security benefits, educational qualifications, and political and religious beliefs. Furthermore, the chips are not just data-storage chips, but data-processing chips. This means that the information stored in them can be changed by the issuer without the knowledge of the holder.

6.3 Beschreibende und erzählende Sachtexte

Descriptive and narrative texts

Ein beschreibender und erzählender Sachtext ist ein informativer Text, der eine **chronologische Reihenfolge von Ereignissen** *(chronological sequence of events)* darstellt. Es wird durchweg das *past tense*, meist das *simple past* verwendet. Gelegentlich wird auch das *past progressive* eingesetzt: *He was doing this when something happened.* Wörter und Ausdrücke wie *to begin with, firstly/secondly …, then, after that, later on, subsequently, as a result of this, finally* usw. werden benutzt, um den zeitlichen Ablauf darzustellen.

Hier ein Beispiel für einen Erzähltext:

Concorde Flight AF4590 was cleared for take off on 25 July at 16:42 local time on runway 26 by controllers at Charles de Gaulle airport, Paris. One minute and 13 seconds later, the control tower radioed to the crew: "4590, you have flames, you have flames behind you."

The cockpit voice recorder reveals that the pilots detected a breakdown in engine number two beneath the left wing, which they then shut down. Following this, the co-pilot is heard to say "warning, the airspeed indicator," and an unidentified voice in the control tower is then heard to say: "It's really burning and I'm not sure its coming from the engine." The pilots then desperately tried to gain height, by increasing airspeed, to allow them to make an emergency landing at Le Bourget airport.
(from: BBC News Europe, 25 July 2001)

6.4 Instruktive Sachtexte
Instructive texts

Ein instruktiver Text sagt dem Leser, was er zu tun hat, um ein gegebenes Ziel zu erreichen. Typische Beispiele dieser Art Text sind **Ratgeber** *(guides, how to-books)*, **Touristenführer** und **Gebrauchsanweisungen** *(instructions for use, users' manuals)*.

Sprachlich zeigen solche Texte folgende Merkmale:

- Anwendung des **Imperativs** (Befehlsform)
- Anwendung von **Partizip- und Infinitivstrukturen** *(participle and infinitive constructions)*, um **Relativsätze** *(relative clauses)* zu vermeiden
- Anwendung des **Passivs**, um zu beschreiben, was mit einem Gegenstand geschieht
- Gebrauch von **Auflistungen** *(enumeration)*
- Gebrauch von **Grafiken und Bildern** *(graphics and illustrations)*
- Einsatz von **drucktechnischen Mitteln** *(printing techniques)* wie **Fettdruck** *(bold print)*, **Kursivdruck** *(italic print)*, **Spiegelstrich** *(dash)* usw.

Hier ein Beispiel für einen instruktiven Text:

Making a backup copy of a CD

To make a backup copy of a CD follow these steps:

1 Click the **Start** button, point to **Programs,** then to **Adaptec Easy CD Creator** and select **CD Copier** or **CD Copier Deluxe,** depending on your version. The CD Copier window appears.

2 Select the **Source** from which the CD is to be copied. This is either:
   - Your CD-R or CD-ROM drive. Select the drive containing your source CD from the **Source drop-down list** box.
   - If you want to make a copy of a CD from a disc image, then select **Image File** from the Source menu and then open the CD image file you want to copy. (...)

(from: Quick Reference Guide, Easy CD Creator™, Adaptec, Inc, Milpitas, California, USA, 1998)

6.5 Argumentative Sachtexte
Argumentative texts

Die Absicht eines argumentativen Textes ist es, sich mit einem umstrittenen Thema argumentativ auseinanderzusetzen und dabei eine Position zu stärken. Typische Beispiele für solche Texte sind **Leitartikel** *(leaders)*, **Leserbriefe** *(letters to the editor)*, **politische Reden** *(political speeches)* und viele **Aufsätze** *(essays)*. Normalerweise besteht ein argumentativer Text aus drei Teilen. Diese sind:

- **Einführung** – *introduction*

In der Einführung wird die eigene Meinung bzw. Position des Verfassers präsentiert. Außerdem wird oft der Anlass oder Hintergrund des Textes angegeben.

- **Mittelteil** – *development*

Im Mittelteil werden die **Argumente und Beweise** *(arguments and evidence)* für die Position des Autors vorgebracht. Wenn das Thema besonders umstritten ist (wie z. B. die Rechtmäßigkeit von Euthanasie), dann kann der Mittelteil in zwei Abschnitte unterteilt sein, die beispielsweise mit **Mittelteil I** *(Development I)* und **Mittelteil II** *(Development II)* beschrieben werden. **Mittelteil I** *(Development I)* enthält allgemeine Argumente gegen die Ansicht des Verfassers („Kontra-Argumente" oder „Kontra"), während **Mittelteil II** *(Development II)* die Argumente für die Ansicht des Verfassers anführt („Pro-Argumente" oder „Pro").

- **Schlussfolgerung** – *conclusion*

Der letzte Absatz besteht aus einer Wiederholung der eigenen Position, oft mit einer Zusammenfassung der wichtigsten Gründe, die zu dieser Meinung geführt haben.

Beispiel für einen argumentativen Text:

Introduction
SIR – I was interested to read your report on 27 December about a German judge who banned CompuServe, an Internet provider, from giving its subscribers access to newsgroups offering child pornography on the Internet. This has caused an outcry and anti-German feeling in the USA, but in my view the judge should be given all possible support.

Development I
Critics of censoring the Internet give three reasons for their opinion. To begin with, in the Munich case, the provider had to block access to all its subscribers worldwide to stop German subscribers from receiving the illegal websites. This, say critics, is unacceptable because the huge majority of these subscribers live outside Germany. Secondly, child pornography is one thing, but who ultimately decides what should be censored? If you allow governments and courts to censor the Internet, then it won't be long before you have political and religious censorship as well. Thirdly and finally, critics argue, the Munich judge was wrong to say that the provider was breaking the law. This, they claim, is like saying that the maker of a car used in a bank robbery is responsible for the crime. The German laws on child pornography were not broken by the provider, but by Internet users in Germany who accessed websites that are illegal there.

Development II
These arguments are, however, plainly absurd. The Munich judge should be supported by ordinary people everywhere who are dismayed and disgusted by some of the material on the Internet. Pornography is bad enough, but I am told that other websites are offering detailed information on such subjects as how to make a bomb, how to get round airport security checks, how to find out somebody's PIN code and even how to commit the perfect murder.

Conclusion
All these things are censored in other media – books and films, for example – and I see no reason why they should not be censored on the Internet as well.
Robert Snow, Oxford

6.6 Appellative Sachtexte

Persuasive texts

Der geläufigste appellative Text, also ein Text mit Aufforderungscharakter, ist die **Werbeanzeige** *(advertisement* oder *ad)*. Hier steht die Absicht im Vordergrund, den Betrachter, also den potenziellen Käufer, dazu zu bringen, sich für ein bestimmtes Produkt zu entscheiden. Solche Anzeigen weisen natürlich auch **informative Elemente** *(informative elements)* auf, aber das wirkliche Ziel ist nicht, objektiv zu informieren, sondern von einem Produkt zu überzeugen. Es ist quasi die Kunst eines **Anzeigetexters** *(copywriter)*, **überzeugende Elemente** *(persuasive elements)* unterschwellig und fast versteckt arbeiten zu lassen.

Appellative Texte zeigen folgende sprachliche Merkmale:

- Anwendung des Imperativs (Befehlsform)
- Anwendung von Fragen, die direkt an den Leser gerichtet werden
- Anwendung von informeller Sprache, z. B. **Kurzformen** *(short forms)*
- Gebrauch von **Wiederholung** *(repetition)*
- Gebrauch von **Auflistungen** *(enumeration)*
- Gebrauch von **Übertreibung, z. B. starke Adjektive** *(hyperbole, e. g. strong adjectives)*
- Gebrauch von **Grafiken und Bildern** *(graphics and illustrations)*
- Einsatz von **drucktechnischen Mitteln** *(printing techniques)* wie **Fettdruck** *(bold print)*, **Kursivdruck** *(italic print)*, **Spiegelstrich** *(dash)* usw.
- Information zur **Bezugsquelle** *(source of supply)*

Beispiel für einen wirkungsvollen Werbetext:

> You send out an important shipment. They tell you they haven't got it. They tell you they can't find it. They tell you no one there seems to know anything about it. It's enough to make you crazy. But when you ship with UPS, it's something you never have to deal with. With UPS computerized package tracking, you can use your PC and UPS OnLine Tracking Software or the Internet to access instant information about the current status of your package including the exact time of delivery and even the name of the person who signed for it. (This unique technology is so advanced, it even allows you to view the actual signature on your computer screen.) So next time someone signs for your package and you want to know whodunnit, ship it UPS and consider it done. www.ups.com

Ein Wort vorweg ...
Texte werden als **fiktional** *(fictional texts)* bezeichnet, wenn sie frei erfunden oder erdichtet sind. Heute sind die meisten fiktionalen Texte Romane und Kurzgeschichten, obwohl Theaterstücke, Liedertexte, Gedichte, Comics und viele Cartoons auch zu dieser **Textkategorie** *(text category)* gehören.

6.7 Kurzgeschichten
Short stories

Vokabular	*Vocabulary*
Höhepunkt	*climax*
Person	*character*
↗ S. 84 ff. Charakterisierung	
Hauptperson	*main character*
Nebenperson	*minor character*
Konflikt	*conflict*
↗ S. 88 f. Handlung, Schritt 3	
Konfliktsituation	*conflict situation*
Konfliktlösung	*resolution of a conflict*
Episode	*episode*

Vokabular	Vocabulary
kurze Episode	*brief episode*
Ereignis	*event*
Kette von Ereignissen	*chain of events*
Schlüsselereignis	*key event*
Einleitung	*exposition*
Umfang	*length*
Handlung	*plot*
↗ S. 86 ff. Handlung	
aktive Handlung	*action*
Handlungslinie	*storyline*
Erzählperspektive	*point of view*
↗ S. 81 ff. Erzählperspektive	
Handlungsort, Kulisse	*setting*
↗ S. 76 ff. Handlungsort	
Raum	*space*
begrenzter Raum	*limited space*
Spannung	*tension*
steigende Spannung	*rising tension*
abnehmende Spannung	*falling tension*
Lösung der Spannung	*release of tension*
Spannungslinie	*tension line*
Auflöser	*trigger*
Wendepunkt	*turning point*

↗ *Vokabular S. 61, 72, 76, 86*

Obwohl Kurzgeschichten sehr **vielfältig** *(diverse)* sind, zeigen die meisten davon gewisse **typische Merkmale** *(common features)*.

Die Form von Kurzgeschichten

- Der **Umfang** von Kurzgeschichten ist verhältnismäßig knapp.
- Bei den meisten Kurzgeschichten handelt es sich um eine kurze Episode, die im Leben der **Hauptperson(en) von entscheidender Bedeutung** *(of decisive importance)* ist. Daher werden Kurzgeschichten oft mit einem Schnappschuss verglichen.
- Meist kommen ein bis zwei Hauptpersonen vor. Sehr oft befasst sich die Geschichte nur mit einer Person und ihrer **Realitätswahrnehmung** *(perception of reality)*.
- Wenn **Nebenpersonen** eingesetzt werden, so agieren sie normalerweise als Zuhörer bzw. Auslöser.

- Meist dauert die **Handlung** nur ein paar Stunden.
- Gewöhnlich findet die Handlung auf **begrenztem Raum** statt, z. B. in einem Zimmer oder in einem Garten.
- Ein weitreichender **Szenenwechsel** *(change of scene)* kommt in Kurzgeschichten nur selten vor.
- Eine Kurzgeschichte bewegt sich auf einen **Höhepunkt** und einen dadurch ausgelösten **Wendepunkt** hin. (↗ Konflikt in der Literatur, S. 88, Schritt 3).

Die Struktur von Kurzgeschichten
Kurzgeschichten setzen sich meist aus **vier Teilen** zusammen *(... can **fall into/be divided into** four parts/sections)*:

1 In der **Einleitung** *(exposition)* stellt der Autor den Handlungsort der Geschichte dar und stellt die Hauptperson(en) vor.
NOTICE Autoren verzichten manchmal auf eine Einleitung. Die Handlung beginnt also „mittendrin".

2 Unmittelbar nach der Einleitung folgt ein längerer Teil, der von **steigender Spannung** *(rising tension)* gekennzeichnet ist. Der Autor beschreibt eine **Schlüsselsituation** bzw. ein Schlüsselereignis im Leben der Hauptperson(en). In den meisten Fällen führt dann eine Kette von Ereignissen zu einer stufenartigen Steigerung der Spannung.

3 Der **Höhepunkt** einer Kurzgeschichte wird erreicht, wenn die Konfliktsituation, in der sich die Hauptperson(en) befindet(n), gelöst wird. Diese Lösung stellt einen **Wendepunkt** im Leben der Person(en) dar.

4 Der vierte und abschließende Abschnitt einer Kurzgeschichte ist oft durch eine sehr abrupt **abnehmende Spannung** gekennzeichnet.

Sie können die Struktur einer Kurzgeschichte gut anschaulich machen, indem Sie eine **Spannungskurve** *(tension line)* – wie unten abgebildet – anfertigen.

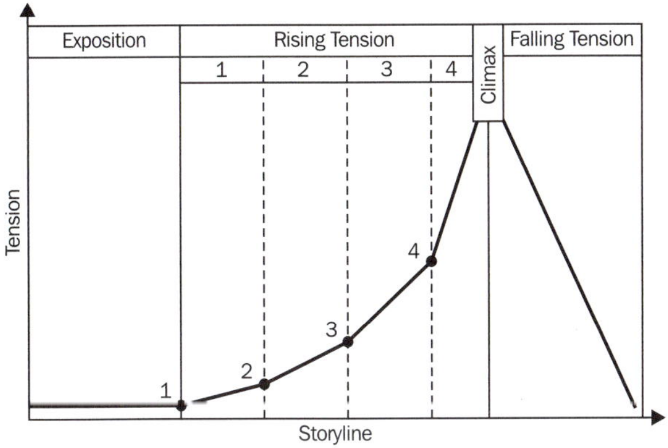

Die horizontale Achse stellt die **Handlungslinie** *(storyline)* dar, die vertikale Achse beschreibt die Spannung.
Die **Kopfleiste** *(headings)* zeigt die vier Abschnitte der Handlung. Die Punkte – in diesem Fall 1 bis 4 – an denen die Spannungskurve ihre Richtung ändert, sind die Schlüsselereignisse, die eine zunehmende Spannung erzeugen.
Der Gipfel der Kurve stellt den Höhepunkt und den darauf folgenden Wendepunkt dar. Danach fällt die Kurve steil ab.

6.8 Gedichte

Poems

Vokabular	*Vocabulary*
Poesie	poetry, verse
Gedicht	poem
episches Gedicht	epic poem
Liebesgedicht	love poem
lyrisches Gedicht	lyrical poem, lyric
erzählendes Gedicht	narrative poem
satirisches Gedicht	satirical poem
Dichter/-in	poet
Reim	rhyme
Reimschema	rhyme scheme
Kreuzreim	cross-rhyme
Endreim	end-rhyme
interner Reim	internal rhyme
Reimpaar	rhyming couplet
Rhythmus	rhythm
Metrik	metre
Hebung	stress
Hebungsmuster	stress pattern
gleichmäßige Hebung	regular stress
ungleichmäßige Hebung	irregular stress
Strophe	stanza, verse

Merkmale eines Gedichts

Traditionell ist ein Gedicht durch **formale Merkmale** *(formal features)* wie **Reimschema, Rhythmus, Metrik** und eine charakteristische äußere Form gekennzeichnet.

Das **Reimschema** wird mit Buchstaben dargestellt. Gleich klingende Endreime erhalten den gleichen Buchstaben. In der Gedichtstrophe von Edward Lear sieht das Reimschema folgendermaßen aus: A – B – C – B – D – E – D – E – E – E – E

The Owl and the Pussy-Cat
The Owl and the Pussy-Cat went to sea
In a beautiful pea-green boat:
They took some honey, and plenty of money
Wrapped up in a five-pound note.
The Owl looked up to the stars above,
And sang to a small guitar,
"O lovely Pussy, O Pussy, my love,
What a beautiful Pussy you are,
You are,
You are!
What a beautiful Pussy you are!"

(Edward Lear)

internal rhyme:
sea – pea
honey – money
end-rhyme:
boat – note
above – love
guitar – are

Der **Rhythmus** eines Gedichtes ist durch die Metrik, also das **Hebungsmuster** *(stress pattern)* der Zeilen, bestimmt.
In der **Literaturwissenschaft** *(literary criticism)* wird das **Versmaß** eines Gedichtes mit ziemlich komplizierten technischen Begriffen wie z. B. *iambic pentameter* bezeichnet.
Hier ist es aber wichtiger, die unterschiedliche Auswirkung einer gleichmäßigen Hebung und einer ungleichmäßigen Hebung zu erkennen.
Meistens haben traditionelle Gedichte eine gleichmäßige Hebung. Dies erzeugt ein Gefühl der Vorwärtsbewegung und eines ungestörten Ablaufs, wie z. B. in diesem Gedicht über einen Postzug. Der Rhythmus des Gedichtes gleicht dem Ra-ta-ta-tat des Zuges:

This is the Night Mail crossing the Border,
Bringing the cheque and the postal order, — *Postanweisung*

Letters for the rich, letters for the poor,
The shop at the corner, and the girl next door.

Pulling up Beattock, a steady climb:
The gradient's against her, but she's on time.

Past cotton-grass and moorland boulder, — *Felsbrocken*
Shovelling white steam over her shoulder, — *schaufeln*

Snorting noisily, she passes
Silent miles of wind-bent grasses.

(from: W. H. Auden, Night Mail)

Viele moderne Gedichte dagegen haben eine ungleichmäßige Hebung. Diese bringt ungewöhnliche Gedanken und Perspektiven besser zum Ausdruck, wie z. B. in dem folgenden Gedicht. Der Dichter bestimmt, was eines Tages mit seiner Leiche geschehen soll:

I desire that my body be
properly clothed. In such things
as I may like at the time.

And in the pockets may there be
placed such things as I use at the time
as pen, camera, wallet, file.

And I desire to be laid on my side
face down: since I have bad dreams
if I lie on my back.

(from: George Macbeth, When I am Dead)

6.9 Dramen

Plays

Vokabular	*Vocabulary*	
Theater und Bühne	***theatre and stage***	
Bühnenarbeiter/-in	*stage-hand*	
Bühnenbeleuchtung	*stage lighting*	
Bühnenbild	*stage design, set*	
Bühnenbildner/-in	*stage/set designer*	
Inspizient/-in	*stage manager*	
Intendant/-in	*theatre manager, artistic director*	
Kulissen	*wings*	Plural!
Orchestergraben	*orchestra pit*	
Parkett	*stalls*	
Prospekt	*backcloth, backdrop*	
Publikum	*audience*	
Requisiten	*props*	Plural!
Requisiteur/-in	*property manager*	
Vorhang	*curtain*	
Zuschauer/-in	*spectator*	
Zuschauerraum	*auditorium*	

oder *Macbeth* – stellt die Lösung des Konflikts immer eine vernichtende Katastrophe dar. Bei Komödien dagegen handelt es sich um eine glückliche Lösung des Konfliktes, der sich oft als ein Missverständnis oder eine Verwechslung entpuppt. Danach gibt es natürlich das berühmte *Happy Ending*.

6.10 Romane

Novels

Vokabular	*Vocabulary*
Erzähler, Beobachter	*narrator*
allwissender Beobachter	*omniscient third person narrator*
außenstehender Beobachter	*limited third person narrator*
Ich-Erzähler	*first person narrator*
typenhafter Charakter ohne Entwicklung	*flat character*
vielschichtiger Charakter mit vielschichtiger Entwicklung	*round character*
Kapitel	*chapter*
Nebenhandlung	*sub-plot*
Romanautor/-in	*novelist*
Rückblende	*flashback*

↗ Ergänzung zum Vokabular S. 52 f., 72, 76, 86

Merkmale eines Romans

Ein Roman ist ein längeres fiktionales Prosawerk. Normalerweise beschäftigt sich ein Roman in einem längeren Zeitraum mit mehreren Hauptpersonen, ihrem **sozialen Umfeld** *(social environment* oder *milieu)*, ihren Handlungen und ihren **zwischenmenschlichen Beziehungen** *(interpersonal relationships)*. Ein Romanautor benutzt viele **Nebenpersonen** *(flat characters)*, häufige **Szenenwechsel** *(changes of scene)*, Nebenhandlungen und Rückblenden, um die Hauptpersonen zu charakterisieren und **um die Handlung realistisch erscheinen zu lassen** *(to make the plot realistic)*.

Die Handlung kann entweder aus der Sicht eines Ich-Erzählers oder eines Beobachters beschrieben werden. Der Beobachter kann entweder als ein **allwissender Erzähler** oder als ein nur am Rande beteiligter oder ganz **außenstehender Beobachter** auftreten. (↗ **Erzählperspektive,** S. 81 ff.)

6.11 Politische Cartoons

Political (or editorial) cartoons

Vokabular	*Vocabulary*	
Absurdität	*absurdity*	
absurde Übertreibung	*absurd exaggeration*	
Botschaft	*message*	
Darstellung	*representation*	
lächerliche Darstellung von Einseitigkeit	*ridiculous representation of one-sidedness, bias*	
Karikatur	*cartoon*	
Karikaturist/-in	*cartoonist*	
Satire	*satire*	
satirische Aussage	*satirical statement*	
Schockwirkung	*shock effect*	
sich auf einen Aspekt konzentrieren	*(to) focus on one aspect*	
Thema	*topic*	nicht ~~theme~~!
aktuelles Thema	*current topic*	

↗ Ergänzung zum Vokabular S. 52 f., 61, 72, 76, 86

Absicht eines politischen Cartoons

Ein politischer Cartoon macht eine satirische Aussage über ein aktuelles Thema, hier das schwierige Verhältnis zwischen vielen Briten und der Brüsseler Bürokratie.

Alle Cartoons dieser Art sind Karikaturen. Viele erregen unsere Aufmerksamkeit durch eine Schockwirkung. Diese wird durch absurde Übertreibung und extreme Einseitigkeit erzeugt.

Beschreibung und Deutung eines Cartoons

"My colleague is the Euro Banana Inspector, I only do cauliflowers!"
(JAK, Cartoons from the Evening Standard and the Mail on Sunday, London, 1996)

In einer schriftlichen Analyse sollten Sie den Cartoon zunächst neutral beschreiben, ohne über seine mögliche Bedeutung zu spekulieren. Die eigentliche Botschaft des Cartoons spielt in dieser Phase der Analyse keine Rolle.

Wie bei allen Bildbeschreibungen sind Präpositionen und Adverbien des Ortes unverzichtbar. Am nützlichsten sind:

rechts/links	*on the right/left*
in der Mitte	*in the middle*
im Vordergrund/Hintergrund	*in the foreground/background*
in der oberen/unteren rechten/ linken Ecke	*in the top/bottom right/ left corner*
oben/unten in der Mitte	*at top/bottom centre*
rechts/links in der Mitte	*at right/left centre*
vor	*in front of*

hinter	*behind*
neben	*next to*
in der Nähe	*near*
unweit (von)	*not far (from)*

NOTICE In **Bildbeschreibungen** *(descriptions of pictures)* grundsätzlich **Zeiten des Präsens** verwenden.
Für die Szenenbeschreibung benutzen Sie das **simple present,** häufig mit *there is/there are*:
– *The cartoon* ***shows*** *a greengrocer's shop.* ***There are*** *three big bunches of bananas and other fruit and vegetables.*
– ***There are*** *three people, two men in black uniforms and the shopkeeper. The men* ***look*** *like Gestapo or SS officers.*

Wenn Sie sagen möchten, was in dem Cartoon gerade passiert, verwenden Sie das **present progressive:**
– *The shopkeeper* ***is standing*** *in the door of the shop. He is* ***clenching*** *his fists in anger.*
– *The two inspectors* ***are measuring*** *bananas and cauliflowers.*

Vergessen Sie nicht, dass Sie das **present perfect** gebrauchen sollten, wenn Sie sagen möchten, was gerade passiert ist:
– *The inspectors* ***have come*** *to the shop to measure fruit and vegetables.*
– *They* ***have been sent*** *there by the EU, which* ***has issued*** *(erlassen) a directive about the shape and size of fruit and vegetables.*

NOTICE Bei der Interpretation eines Cartoons geht es dann darum, den Gebrauch von Übertreibung und Einseitigkeit zu identifizieren. In dem Cartoon oben ist es z. B. geradezu schockierend, dass man die EU-Inspektoren mit Angehörigen der SS vergleichen kann. Zuletzt sollten Sie die Botschaft des Karikaturisten herausarbeiten. Mit der Botschaft wird häufig zu einer politischen Umorientierung bzw. einem **Richtungswechsel** *(change of policy)* aufgefordert. In dem Beispiel oben verlangt der Karikaturist eine kritischere Haltung der EU gegenüber.

6.12 Formelle Reden
Formal speeches

Vokabular	*Vocabulary*
Redner	*speaker*
Rednerpult	*lectern*
Zuhörer/-in	*listener*
Zuhörerschaft	*audience*
Anlass	*occasion, motive*
festlicher Anlass	*festive occasion*
Beweggrund	*reason (for doing sth)*
Absicht	*intention*
Ansatz	*approach*
argumentative Rede	*argumentative speech*
bewertende Rede	*evaluative speech*
politische Rede	*political speech*
Predigt	*sermon*
Gedenkrede	*memorial address*
Jubiläumsrede	*anniversary speech*
Grabrede	*eulogy, funeral oration*
Überredungskunst	*persuasive power(s)*
umstrittenenes Thema	*contentious/controversial topic*
ein Argument vortragen	*(to) present an argument*
eine Meinung betonen	*(to) emphasise an opinion*
ein Gegenargument entschärfen	*(to) defuse a counter-argument*
Einführung	*introduction*
Mittelteil	*development*
Argumente und Beweise	*arguments and evidence*
Kontraargumente	*counter-arguments*
Proargumente	*positive arguments, arguments in support*
schwaches Argument	*shaky argument*
überzeugendes Argument	*convincing argument*
weiteres Argument	*additional reason*
Schlussfolgerung	*conclusion*
zu einer Schlussfolgerung kommen	*(to) arrive at/come to a conclusion*
Wiederholung	*repetition*
wiederholen	*(to) repeat*
Zusammenfassung	*summary*
zusammenfassen	*(to) summarise*
wichtiger Grund	*important/key reason*

Merkmale einer formellen Rede
Beispiele für formelle Reden sind:
- wichtige politische Reden, besonders wenn es sich um Grundsatzfragen handelt
- Reden bei festlichen Anlässen, z. B. bei der Verleihung von bedeutenden Preisen und Orden
- **Predigten** *(sermons)*
- **Gedenkreden** *(memorial addresses)*
- **Jubiläumsreden** *(anniversary speeches)*

Solche Reden verwenden die **formellste Ebene der gesprochenen Sprache** *(the most formal level of spoken language)* mit folgenden Merkmalen
- gehobener Stil, oft mit vielen **Fremdwörtern** *(words of foreign origin)*
- Vermeidung von **Kurzformen**
- Gebrauch **längerer Satzgefüge** *(complex sentences)* statt einfacher Sätze
- Häufiger Gebrauch des **Partizips** an Stelle eines Relativsatzes (ausführlicher ↗ **7.1 Formeller/Gehobener Stil,** S. 70).

Politische Reden
In Prüfungen kommen sehr oft politische Reden über ein umstrittenes Thema vor. Im Grunde sind solche Reden wie argumentative Texte (z. B. ein Leitartikel aus einer seriösen Zeitung) in gesprochener Form und zeigen dieselbe Struktur, also Einleitung, Mittelteil und Schlussfolgerung (↗ **6.5 Argumentative Sachtexte,** S. 49).

Schriftsteller und ihre Gestaltungsmittel

7.1 Sprachgebrauch und Stilmittel

Use of language and stylistic devices

Schriftsteller benutzen Sprache und Stilmittel unterschiedlich, um sich verständlich und anschaulich auszudrücken.
Unter Sprachgebrauch verstehen wir
a) **Wortwahl** und
b) **Stil,** z. B. formell oder umgangssprachlich.
Stilmittel ist ein Sammelbegriff für bestimmte sprachliche Mittel, wie z. B. Vergleich, Auflistung und Übertreibung.

Wortwahl

Vokabular	*Vocabulary*
hervorhebende, betonende Sprache	*emphatic language*
Mittel der Hervorhebung	*means of emphasis*
bildhafte Sprache	*metaphorical language*
derbe Sprache	*coarse language*
formelle Sprache	*formal language*
informelle Sprache	*informal language*
gefühlsbetonte Sprache	*emotive language*
gesprochene Sprache	*spoken language*
Schriftsprache	*written language*
Gesprächsmittel	*conversational device*
Sprachebene	*level of language*
Sprachgebrauch	*usage*
Stil	*style*
Umgangssprache	*colloquial language*
unpersönliche Sprache	*impersonal language*
Unterhaltung	*hier: conversation*
Wortschatz	*vocabulary*
Wortwahl	*choice of word*

Emotive language

Vor allem in den Massenmedien, in Leserbriefen, in der Werbung und in politischen Reden wird bewusst eine gefühlsbetonte Sprache verwendet, um Interesse zu wecken und zu erhalten. In erster Linie ist eine solche Sprache durch den Gebrauch von starken Adjektiven und Adverbien *(reinforcers)* geprägt.
Hier ein Beispiel aus einem Leserbrief über das Schicksal von Kindern australischer Ureinwohner:

> SIR – As an Australian living in London I was really disgusted by your report about the awful fate of Aborigine children kidnapped from their natural parents at birth to be brought up as so-called civilised Europeans in white families and institutions. What made me explode was that your report was nothing more than a cowardly attempt to whitewash a truly horrifying event in Australia's, and Britain's, history. (…)

Emphatic language

Hervorhebende sprachliche Mittel *(means of emphasis)* werden häufig gebraucht, um einer Argumentation bzw. Begründung Nachdruck zu verleihen. Solche Mittel sind z. B.

1 Ausdrücke wie *Good heavens, What on earth …?* usw.

2 Gebrauch von derben Wörtern wie *bloody, bugger* usw.

3 Anwendung von *do* in bejahten Sätzen, z. B. *Even those who* ***do go*** *on foreign holidays take little interest in the local culture.*

4 Anwendung von *self*-Pronomen, z. B. ***The driver*** *wasn't hurt in the accident that* ***he himself*** *had caused.*

5 Gebrauch von *It is/was* + Nomen + Relativpronomen am Satzanfang, z. B. ***It was Mary who*** *told me that silly story.*

6 Gebrauch von *-ever*, um Fragewörter zu betonen, z. B. ***Whatever*** *are you talking about?* ***However*** *did you get that idea?* ***Whoever*** *told you such a thing?*

7 Anwendung von Adverbien des Ortes, der Zeit und der Häufigkeit am Satzanfang, z. B. *There are four political parties in England.* ***In Scotland and Wales*** *there are five. Mary usually comes home at about six.* ***On Fridays*** *she has to work late.*

Metaphorical language

Im Englischen wird sehr häufig bildhafte Sprache (↗ **Stilmittel,** S. 72) verwendet. In den Medien kommen die „Bilder“ oft aus der Welt des Sports und – leider – des Kriegs.
Hier ein Beispiel:

> In the House of Commons yesterday, John Harper, the militantly anti-European MP for South Wessex, attacked the government on Europe. Speaking directly to the Prime Minister, Mr Harper said that it was time to give up "retreating from the trenches" and "surrendering ground to the army of Brussels bureaucrats". The government should "launch a massive offensive" against the EU and "bring up the big guns to defend British sovereignty".

Impersonal language

Bei den genannten Beispielen handelt es sich in erster Linie um die bewusste Verwendung **farbenfroher Sprache** *(technicolor language)* zur Betonung und zur Steigerung des Leserinteresses. Bei anderen Textsorten, z. B. bei Leitartikeln in der seriösen Presse, formellen Berichten, Vorträgen usw., wird eine maßvollere, sachlichere, „unpersönlichere“ Sprache gewählt.
Solche *impersonal language* ist durch die folgenden Merkmale gekennzeichnet:

1. Vermeidung von *conversational devices* wie Kurzformen und Bestätigungsfragen
2. Gebrauch des Passivs, z. B. *Smoking in public places such as airports has been forbidden in many countries. The oil giant, BP, is being prosecuted by the US government for „gross negligence“* (grobe Fahrlässigkeit).
3. Gebrauch des unpersönlichen Passivs, z. B. *It is said (that) the minister will resign tomorrow. It was once thought that the sun orbits the earth.*
4. Gebrauch des persönlichen Passivs, z. B. *The firm is said to have got a big order from China.* (↗ auch **Formeller Stil,** S. 70)

Stil

In allen Sprachen wird zwischen einem informellen (umgangssprachlichen) Stil und einem formellen Stil unterschieden. In manchen Sprachen sind diese Sprachebenen durch ziemlich komplizierte Regeln gekennzeichnet wie z. B. die Sie- und Du-Form im Deutschen. Das Englische dagegen kennt keine so deutliche Trennung von Stilebenen.
Trotzdem kommen im Englischen natürlich Wörter und Strukturen vor, die eher in formellen Situationen gebraucht werden, und eine ganze Reihe von Wörtern und Sprachanwendungen, die in solchen Situationen vermieden werden sollten, was genauso wichtig ist. Abgesehen von privaten Briefen, SMS-Nachrichten und Denkzetteln ist die Schriftsprache generell formeller als die gesprochene Sprache.

Formeller/Gehobener Stil

Ein gehobener Stil ist durch folgende Merkmale gekennzeichnet:

1 Anwendung eines gehobenen Wortschatzes, der oft romanischen Ursprungs ist, wie z. B.:

– ***arrived at*** *the office*	statt	***got to*** *the office*
– *the meeting* ***commenced***		*the meeting* ***began***
– ***contravened*** *the law*		***broke*** *the law*
– ***enquired*** *about rooms*		***asked*** *about rooms*
– ***repaired*** *the damage*		***fixed*** *the damage*
– ***replied*** *to the letter*		***answered*** *the letter*

2 Vermeidung von Sprachanwendungen der gesprochenen Sprache wie **Kurzformen** *(short forms)*, **Bestätigungsfragen** *(question tags)* und **Ausrufesätze** *(exclamations)* (↗ auch **Informeller Stil,** S. 71 f.)

3 Gebrauch **längerer Satzgefüge** *(complex sentences)* statt einfacher Sätze, z. B.:

– *The defence told the judge* ***hearing*** *the case that* ***on arriving*** *home the accused had phoned his niece in York, a fact later* ***confirmed*** *by the person concerned.*

4 Häufiger Gebrauch des Partizips anstelle eines Relativsatzes:
– *The prime minister spoke personally to MPs **thinking** of voting against the government.*
– *The bomb **dropped** on Hiroshima changed the world.*
5 Vermeidung von abgekoppelten Präpositionen, z. B.:
– *Please inform us **on which** date we can expect delivery* statt *Please inform us **which** date we can expect delivery on.*
– ***From whom** did the press receive the information?* statt *Who did the press receive the information from?* (↗ auch **Impersonal language**, S. 69)

Informeller Stil

Ein informeller Stil ist durch diese Merkmale gekennzeichnet:
1 Anwendung eines informellen, konkreten Wortschatzes, häufig germanischen Ursprungs wie z. B.:

– ***come into** a room*	statt	***enter** a room*
– ***cook** a meal*		***prepare** a meal*
– ***get to know** a person*		***become acquainted with** a person*
– ***go to** school*		***attend** school*
– ***live** in a place*		***reside** in a place*
– ***trick** a person*		***deceive** a person*
– ***take part in** a meeting*		***participate in** a meeting*

2 Gebrauch von Sprachanwendungen der gesprochenen Sprache – auch in privaten Briefen – wie:
- ***short forms, question tags***
– ***I don't** suppose **you've** seen Jane, **have you?***
- ***attention catchers***
– ***Look here,** I'll meet you in the pub at 7, okay?*
– ***By the way,** have you seen Jane lately?*
– ***Before I forget,** I'll be home an hour late tomorrow.*
- ***hesitaters***
– ***Where were we? Oh, yes, as I was saying,** I saw Jane …*
– ***Hold on a minute,** did you say you saw Jane at Jim's party?*
– ***Let me think.** Yes, okay, that'll be all right.*

7

- ***indeterminate starters***
- ***Well,*** *I suppose I could give you a lift.*
- ***Now,*** *as I was saying, I saw Jane last night.*
- ***Oh, dear,*** *what happened then?*
- ***emphasising expressions, exclamations***
- ***Good heavens,*** *that must've been awful for you!*
- ***What on earth are you talking about?*** *That's completely untrue.*
- ***For heaven's sake*** *let me finish what I was saying.*

Stilmittel

Vokabular	*Vocabulary*
Assonanz	*assonance*
Auflistung	*enumeration*
Ironie	*irony*
ironische Sprache	*ironical language*
Kontrast	*contrast*
Metapher	*metaphor*
Metaphorik	*imagery*
Onomatopöie	*onomatopoeia*
Personifikation	*personification*
rhetorische Frage	*rhetorical question*
Stabreim	*alliteration*
Stilmittel	*stylistic/literary device*
Übertreibung	*hyperbole*
Untertreibung	*understatement*
Vergleich	*simile*
Verkörperung	*personification*
Wiederholung	*repetition*

↗ Ergänzung zum Vokabular S. 52 f., 61, 76, 86

In der Literatur versteht man unter *imagery* Stilmittel wie *metaphor* (↗ 7 unten), *metaphorical language* (↗ **Metaphorical language**, S. 69) oder *simile* (↗ 12 unten), die eine Person, Sache oder Idee mit einer anderen vergleichen.

1 Alliteration

Alliteration ist eine Serie von gleich klingenden **Anfangslauten** *(initial sounds)* in zwei oder mehr nacheinander folgenden Wörtern:

In those days, at such schools rules were strict and punishment public, prompt and painful.

2 Assonance

Bei einer Assonanz sind die Vokale innerhalb einer Wortreihe gleichklingend (↗ 1 **Alliteration** oben), z. B.:

Abou Ben Adhem (may his tribe increase!)
Awoke one night from a deep dream of peace,
And saw within the moonlight in his room,
Making it rich, and like a lily bloom,
An angel writing in a book of gold:
(from: Leigh Hunt, Abou Ben Adhem)

3 Contrast

Contrast ist der **absichtliche** *(intentional)* Gebrauch von Wörtern von gegenteiliger oder sehr stark kontrastierender Bedeutung, um einen Unterschied hervorzuheben, z. B.:

*Nobody could understand how such **a sweet and gentle girl** could fall for such **a coarse and vulgar brute**.*

4 Enumeration

Eine Auflistung von drei oder mehr Personen, Sachen oder Ideen, die als Mittel zur Hervorhebung benutzt wird:

*In addition to **banks, shareholders and managers**, sometimes tens of thousands of **workers, subcontractors and suppliers** – not to mention their families – are also affected when a company is taken over.*

5 Hyperbole

Hyperbole ist die **bewusste** *(deliberate)* Übertreibung einer Aussage mit dem Ziel, etwas zu betonen, z. B.:

***Nobody with the slightest knowledge** of BSE can **possibly deny** that British beef is now **not only the safest beef** in the world, but **the safest beef there's ever been**.*

6 Irony

Irony sagt meist das Gegenteil des eigentlich Gemeinten, z. B.: *Now we can see where the Prime Minister's **enlightened and far-sighted policies at "the very heart of Europe"** have led us: into isolation on the edge of events.*
Bittere Ironie heißt *sarcasm*. Die Kombination von Ironie, Übertreibung und Spott ist typisch für Satire.

7 Metaphor

Eine Metapher ist keine andere Bezeichnung für Vergleich (↗ **12 Simile** unten)! In einer Metapher wird behauptet, eine Person oder eine Sache sei tatsächlich eine ganz andere Person oder Sache. Es wird also nicht nur verglichen, sondern in einer bildhaften Übertragung gleichgesetzt:
*Sometimes too hot **the eye of heaven** shines, And often is **his gold complexion** dimm'd* (from: Shakespeare, Sonnet 18)

8 Onomatopoeia

Wörter, die ihre Bedeutung lautmalerisch darstellen:
*The water **rushed, bubbled, gushed and gurgled** over the rocks.*

9 Personification

Eine Sache oder ein Tier wird mit menschlichen Merkmalen dargestellt, z. B. so:
The Titanic *was the most advanced ship of **her** age. **Her** builders claimed that **she** was unsinkable.*

10 Repetition

Repetition ist die bewusste Wiederholung derselben Idee oder Wörter zu deren Betonung, z. B.:
There was friendship and anonymity: no one was curious about another person; you told what you wanted known, and several people used nicknames to hide their real identities, calling themselves after cartoon characters or animals or by any other designation which caught their fancy. You could lose your true self here, as she had done for months. She had managed to blank out what had really caused her to seek refuge among the protesters.
(from: Margaret Yorke, False Pretences, Little, Brown and Company, 1998)

11 Rhetorical question

Eine rhetorische Frage ist eine Frage, die keine Antwort von dem Hörer oder Leser erwartet. Sie wird meist von dem Fragesteller selbst beantwortet, z. B.:

People like the last caller always talk about a "tiny minority", but just how tiny is "tiny"? Ten? Twenty? A few hundred? Or are we in fact talking about thousands of walkers, picnickers, campers and mountain-bikers destroying the very countryside that they claim to love so much?

(from: a BBC phone-in on opening up the British countryside to walkers)

12 Simile (↗ auch 7 Metaphor)

Ein *simile* vergleicht eine Person, Sache oder Idee mit einer anderen. *Similes* werden immer durch *like* bzw. *as* eingeleitet, wie z. B. hier:

A lot of people don't understand just how powerful the British House of Commons is. Its power is as absolute ***as that of a medieval monarch****. The Commons alone can make laws, raise taxes, enter into treaties and go to war. Britain has no written constitution* ***like the German Grundgesetz*** *and no constitutional court* ***like the Verfassungsgericht in Karlsruhe****. Britain has no federal states* ***like the German Länder*** *with parliaments, courts and powers of their own. While the House of Lords can advise the government, it cannot block laws* ***as the German Bundesrat can****. In other words, Britain is governed by an "elected dictatorship".*

7

13 Understatement

Understatement ist das Gegenteil von *hyperbole* (↗ 5 oben). Der Ernst einer Situation oder Handlung wird bewusst untertrieben, um ihre Bedeutung zu betonen. Also ist *understatement* eine Form der Ironie (↗ 6 oben), wie z. B. hier:

Philip was not only ***put out*** (verärgert) *by Sarah's wish to resume her university studies, but also* ***a little worried*** *by it. What had happened to his docile wife, who had always been so willing to* ***defer to his judgement****?*

7.2 Handlungsort und Atmosphäre
Setting and atmosphere

Vokabular	*Vocabulary*
Antiheld	*anti-hero*
Atmosphäre	*atmosphere*
äußere Erscheinung	*outer appearance*
geistige Verfassung	*state of mind, mood*
Gesichtsausdruck	*facial expression*
Handlungsort	*setting*
Beschaffenheit des H.orts	*nature of the setting*
Held/Heldin	*hero/heroine*
hervorheben	*(to) highlight*
Körperbau	*physique*
Körperhaltung	*posture*
Körpersprache	*body language*
menschliche Beziehung	*human relationship*
Person	*character*
Hauptperson	*major/full character*
Nebenperson	*minor/flat character*
Raum	*space*
begrenzter Raum	*limited space*
unbegrenzter Raum	*unlimited space*
sich eingeengt fühlen	*(to) feel restricted*
soziales Umfeld	*social environment, milieu*
Verhältnis	*relationship*
Wahrnehmung	*perception*
Wechselspiel	*interplay, interaction*
Wetterverhältnisse	*weather conditions*
widerspiegeln	*(to) mirror*

↗ Ergänzung zum Vokabular S. 52 f., 61, 72, 86

In der Literatur ist das Verhältnis zwischen Handlungsort und der/den Hauptperson(en) oft sehr wichtig. Der Autor oder die Autorin kann entweder die Eigenschaften des Handlungsortes einsetzen, um die geistige Verfassung der Person(en) widerzuspiegeln, oder er bzw. sie kann einen starken Kontrast erzeugen, um die geistige Verfassung der Person(en) hervorzuheben.
Dieses Wechselspiel zwischen Handlungsort einerseits und Hauptperson(en) andererseits macht zu einem nicht geringen Teil die Atmosphäre eines fiktionalen Textes aus.

Hier zwei Beispiele für dieses Wechselspiel:

Wetterverhältnisse

> One cold Saturday, Jimmy Brax and Eileen Tawton went on a coach trip to Broadstairs. The year was 1966 and it was summer. It was the first time they had ever been on such an outing together. It rained. A sharp north wind roared all the way down the coasts of Suffolk, Essex and Kent before blowing itself out somewhere in the Channel Islands. Jimmy and Eileen sat under a shelter on the front and ate the sandwich lunch they had brought with them.
> *(from: Ruth Rendell, A Sight for Sore Eyes, Dell Publishing, New York, 1998)*

Statisten

> After dinner I sat and waited for Pyle in my room over the rue Catinat: he had said, "I'll be with you at latest by ten," and when midnight had struck I couldn't stay quiet any longer and went down into the street. A lot of old women in black trousers squatted on the landing: it was February and I suppose too hot for them in bed. One trishaw driver pedalled slowly by towards the river front and I could see lamps burning where they had disembarked the new American planes. There was no sign of Pyle anywhere in the long street.
> *(from: Graham Greene, The Quiet American, Penguin Books, London, 1962)*

Die folgenden drei Arbeitsschritte werden Ihnen dabei helfen, die Rolle der Atmosphäre in der Wahrnehmung des Lesers zu untersuchen.

SCHRITT 1 Betrachten Sie zuerst den **Handlungsort.** Stellen Sie sich dabei folgende Fragen:

- Wo findet die Handlung statt? Drinnen? In einem sehr begrenzten Raum? Draußen?

- Wann findet die Handlung statt? Zu welcher Jahres-, Tageszeit?
- Wie ist das Wetter? Wie sind die Lichtverhältnisse? Die Temperatur?
- Sind andere Personen anwesend? Wenn ja, wie verhalten sie sich? Fröhlich und ausgelassen? Bedrückt?
- Welche sinnlichen Eindrücke (Gerüche, Geräusche, Farben …) vermittelt der Text?

Die folgenden Anhaltspunkte sind nur als **Interpretationshilfen** gedacht. Um diese für Sie direkt umsetzbar zu machen, sind sie auf Englisch aufgelistet.

Space

very limited: *person's thoughts are directed inwards; feeling of being restricted, dependent on others or isolated from social environment.*
largely unlimited: *person's thoughts and feelings are directed outwards towards others; feeling of being free, independent, able to decide one's own fate* (Schicksal) *or course of action.*

Season, time of day

spring, summer, daytime: person's state of mind more optimistic, receptive (aufgeschlossen), *future-orientated.*
autumn, winter, night: person more pessimistic, thoughtful, fed up, depressed (bedrückt), *past-orientated*

NOTICE Die **Zeit** einer Handlung wird oft kontrastiv als Betonungsmittel verwendet. Eine Person, die an einem schönen Frühlingstag traurig ist, wirkt trauriger als jemand, der sich an einem grauen, nasskalten Wintertag „zu Recht“ so fühlt.

Weather

stormy, high winds: *restlessness, excitement, sometimes uncontrolled or even wild emotions*

foggy, cloudy: *unclear, unfocused (verschwommen) thoughts and feelings; uncertainty, sense of being endangered or threatened*
cool, wet: *cold, lacking in feeling or emotion; reserved* (zurückhaltend); *little interest in others*
snow, ice: *isolated from others; incapable of developing human relationships; tendency to misunderstand or misinterpret the situation and motivation of others; selfish, egocentric; tendency to deceive oneself, self-deception* (Selbsttäuschung)
sunny, dry: *happy, relaxed, warm-hearted, understanding*

Other people

children at play: *innocent, innocence* (Unschuld); *without guile/ guileless, guilelessness* (Arglosigkeit); *harmless, harmlessness; unthreatening*
contented people: *freedom from worry; gaiety* (Fröhlichkeit); *stable, stability; …*
reserved people: *shy, shyness* (Schüchternheit); *unsociable* (ungesellig); *often remote but observing* (beobachtend), *as if looking at life from the outside; lack of contact to others or social environment*
people hanging around (herumlungernde Menschen): *bored, boredom; shallow, shallowness* (Oberflächlichkeit); *lack of interest in other people, social environment; unambitious, lack of ambition; irresponsible, irresponsibility …*
aggressive people: *violent, violence; threatening, threat; compulsive, compulsion; carnal* (triebhaft)

Animals

domestic animals: *loyal, loyalty* (Treue); *dependent, dependence; patient, patience; substitute friend/child* (Ersatz für Freund/ Kind); *often signals victim of a denial of human warmth* (Opfer einer Verweigerung von menschlicher Wärme)
farm animals: *state of being made use of* (Ausnutzung); *lack of warmth in a domestic environment; state of being dictated to or having somebody else's will imposed on oneself* (Bevormundung); *obstinate, obstinacy* (Sturheit); *apathetic, apathy*

wild animals: *freedom; self-assertion* (Selbstbestimmung); *selfdevelopment* (Selbstentfaltung) …

NOTICE Personen bzw. Tiere, die eine reine Statistenrolle spielen, spiegeln entweder den Geisteszustand der Hauptperson(en) wider oder können ihn kontrastiv hervorheben. Besonders bei Tieren werden deren ureigene Merkmale oft eingesetzt, um menschliche **Einstellungen** *(attitudes)*, Motive oder Absichten zu verdeutlichen und zu untermalen.

SCHRITT 2 Jetzt sehen Sie sich die **Hauptperson(en)** genauer an. Stellen Sie die folgenden Fragen:

- Wie ist ihre/seine äußere Erscheinung? Konzentrieren Sie sich auf **a**) Körperbau, **b**) Körperhaltung, **c**) Gesichtsausdruck, **d**) Körpersprache und **e**) Kleidung.
- Wie würden Sie die geistige Verfassung der Person beschreiben? Ist sie fröhlich und ausgelassen? Verstimmt? Nachdenklich? Euphorisch? Ist sie optimistisch oder eher pessimistisch? Zukunftsorientiert oder eher der Vergangenheit verhaftet?

SCHRITT 3 Jetzt geht es darum, diese zwei Elemente, die **Beschaffenheit des Handlungsortes** und die **geistige Verfassung** der Hauptperson(en), in Einklang zu bringen. Die Leitfragen dazu sind:

- Wo gibt es Ähnlichkeiten bzw. Gemeinsamkeiten *(common features)*?
- Wo gibt es Unterschiede bzw. Kontrastmomente *(points of contrast)*?

Um diese Leitfragen zu beantworten, vergleichen Sie die Adjektive usw., die Sie bei der Bearbeitung der **Schritte 1** und **2** oben gesammelt haben. Dies geht am leichtesten mit einer Tabelle.

7.3 Erzählperspektive

Point of view

Vokabular	Vocabulary
äußere Erscheinung	*outward (or outer) appearance*
Beteiligter	*participant*
Erzähler, Beobachter	*narrator, observer*
Ich-Erzähler	*first person narrator*
Beobachter	*third person narrator*
allwissender Beobachter	*omniscient third person narrator*
außenstehender Beobachter	*limited third person narrator*
Erzählperspektive	*point of view*
wechselnde Erzählperspektive	*shifting point of view*
Handlung	*plot* (↗ S. 86)
innere Wirklichkeit	*inner reality*

Wie der Leser bzw. die Leserin die Handlung einer Geschichte wahrnimmt, wird gewissermaßen von der **Erzählperspektive** bestimmt, die der Autor bzw. die Autorin gewählt hat.
Hier werden im Wesentlichen zwei Möglichkeiten unterschieden; verschiedene Mischformen können hier nicht näher dargestellt werden.

1 Der Autor kann sich selbst als Erzähler einsetzen und die Handlung als **Beobachter** schildern, z. B.:

> The police came round to the Rigby Arms the next morning. There would have to be an inquest, Detective Sergeant Rivers explained to Bruce, and he must present an account to the coroner of how the accident happened. "It's shocking," said Bruce, collecting his jacket from the back of his chair and putting it on. He was never seen in the public part of the hotel dressed other than formally in his dark jacket and pinstriped trousers. People needed to know who was in charge and he did not want to be mistaken for a guest.
> *(from: Margaret Yorke, The Smooth Face of Evil, Warner Books, 1998)*

7

2 Eine andere Möglichkeit besteht darin, einen Beteiligten die Rolle des Erzählers als **Ich-Erzähler** übernehmen zu lassen, z. B.:

> I leaned back on the seat and watched the back of Dick's head as he steered. The '55 DeSoto rumbled along the rain-soaked street. This evening's going to be a total loss, I thought. Things have got to be pretty dull when all you've gotta do is drive around with a friend who's just got his license. But it beats sitting at home. So there we were, the five of us. Dick and Phil were in the front. Reid, Steve and I were in the back. We were all cold, damp and bored. Man, we needed something to do!
> *(from: Dennis Kurumada, Just along for the ride, US Information Agency, 1972)*

Die Funktion des Beobachters

NOTICE Bei dem Beobachter einer Geschichte ist es wichtig, zwischen der Funktion eines **allwissenden Beobachters** und eines **außenstehenden Beobachters** zu unterscheiden.

Der allwissende Beobachter

Wie der Name sagt, weiß der allwissende Beobachter einfach alles über die Person, die er beschreibt. Er kennt auch ihre intimsten Gefühle und Gedanken. Er betrachtet also das Geschehen sowohl **von außerhalb** *(from the outside)* als auch **von innen** *(from the inside)*.

Außenperspektive

> There was a father somewhere, but no one had heard from him for years. After he left her, Emily's mother had gone to Spain where she married a man who was a musician; she had lived with him until her death from an unspecified illness some years ago. Isabel had learned about this from a letter Emily sent her which stated this stark fact. Isabel had written to her at her mother's address, but had had no reply.
> *(from: Margaret Yorke, False Pretences, Little, Brown and Company, 1998)*

Innenperspektive

For a while she had felt that she should try to trace Emily; later, she forgot about her, until yesterday when the telephone call sharply reminded her.
Shock was her first reaction. What had Emily been doing? Surely by now she was pursuing some career, might even be married? Neither activity precluded either assault or disorderly conduct, which Isabel assumed meant, in this case, getting drunk and being rowdy in a public place. What could she do about it, even when she learned the details? The deed was done, and Emily had been arrested.
(from: Margaret Yorke, False Pretences, Little, Brown and Company, 1998)

Der unbeteiligte, außenstehende Beobachter

Der außenstehende Beobachter erzählt ausschließlich auf der Ebene der **äußeren Erscheinung.** Von der inneren Wirklichkeit der Personen weiß er nichts. Er ist wie eine **Fliege an der Wand** *(a fly on the wall)* oder vielleicht eine Kamera, wie z. B. hier:

Three stops later, a dark-haired girl in a blue coat got on the bus. Walking past Billy without looking at him, she went to a seat near the back. She got off at the city centre and Billy watched her as she walked past his window. He stayed on the bus and got off at the next stop. He walked quickly along several dark side streets until he came to a small corner café. The girl from the bus was sitting alone at a table at the back of the room. She had two cups of coffee in front of her. Billy walked over to the table.

7.4 Charakterisierung
Characterisation

Vokabular	*Vocabulary*
Charakterisierung	*characterisation*
direkte Charakterisierung	*direct characterisation*
indirekte Charakterisierung	*indirect characterisation*
Informationen vermitteln	*(to) transmit information*
durch Handlungen vermitteln	*(to) transmit (information) through action*

In der Literatur bedeutet Charakterisierung mehr als die bloße Beschreibung einer Person in ihrer Persönlichkeit, ihrer äußeren Erscheinung, ihrem Verhalten, ihrem Lebensstil, ihrem familiären Hintergrund usw. Gleichermaßen wichtig ist, wie der Autor diese Informationen an den Leser vermittelt.
Ein Autor kann Informationen auf zwei Arten an den Leser übermitteln: direkt oder indirekt.

Direkte Charakterisierung
Man spricht von direkter Charakterisierung, wenn der Leser Informationen über eine Person entweder direkt vom Autor oder von einer anderen Person in der Erzählung erhält. Wichtig ist hierbei, dass dem Leser etwas direkt über die Person erzählt wird, um die es geht.
Hier sind zwei Beispiele für direkte Charakterisierung. Sie stammen aus dem Roman *False Pretences* von Margaret Yorke (Little, Brown and Company, London, 1998).
In diesem Abschnitt sagt die Autorin dem Leser direkt etwas über Emily:

> Emily, who had spent weeks confronting police offices and security guards, was not intimidated by this tall, thin man with (...) a rather a cross expression, and angry eyes beneath thick, dark brows.

In diesem Abschnitt sagt eine andere Romanfigur (Isabel) dem Leser etwas über Emily:

> She would never have recognised her friend's daughter: where was the attractive child with the mass of fair curls whom Isabel remembered from when the families were neighbours more than twenty years ago? Now she saw, shambling into the room, an ill-dressed, overweight young woman with a shaven head, haggard and exhausted, who could have been any age but was, in fact, twenty-three.

Indirekte Charakterisierung

Man spricht von indirekter Charakterisierung, wenn der Leser anhand der Handlungen der Person interpretiert, wie diese Person ist oder sein könnte. Der wichtige Aspekt ist hierbei, dass die Informationen durch Handlungen vermittelt werden, nicht durch Sprache.

Hier ein Beispiel für indirekte Charakterisierung aus demselben Roman wie oben:

> It was Emily who saw a girl pick up a small china figurine and pocket it. As she had earlier dusted and replaced it on the shelf, she had noticed and remembered the price, written on a tiny adhesive label on its base.
> "That'll be five pounds twenty-five," she told the girl.
> "What will?" the girl, now examining a sachet of pot-pourri, enquired.
> "That doll you just put in your pocket," Emily said, and stepped forward to confront the schoolgirl, who had blushed but looked defiant, thrusting her hands into the pockets of her coat.
> "I don't know what you mean," the girl blustered, while her two companions stared at her, giggled, and then, as a diversion, picked up other items to inspect.
> "Give it here," said Emily, holding out her hand. "If you do, and either hand it back or pay, Mrs Vernon won't call the police. If they come, they'll search you and find it, and no receipt. She's going to do it now. Aren't you, Mrs Vernon?" she added loudly, and moved to block the doorway.

Was kann der Leser bzw. die Leserin aus dieser Ladendiebstahlszene über Emily lernen? Erstens ist sie anscheinend sehr aufmerksam: Sie kann sich sofort an den Preis der Porzellanfigur erinnern, als sie den Diebstahl bemerkt. Sie weiß, wie Ladendiebe vorgehen, und reagiert sehr schlagfertig. Emily ist zweitens mutig und entschlossen, als sie die Ladendiebe konfrontiert. Sie ist dabei allerdings weder aggressiv noch unhöflich und erscheint sogar ziemlich verständnisvoll, als sie sagt, dass die Polizei nicht hinzugezogen werde, wenn das Mädchen die Puppe wieder zurückstellt oder ordnungsgemäß bezahlt.

7.5 Handlung
Plot

Vokabular	*Vocabulary*
Auseinandersetzung	*quarrel, argument*
gewaltsame Auseinandersetzung	*violent quarrel*
Bedeutung	*meaning*
tiefere, innere Bedeutung	*interior/submerged meaning*
oberflächliche Bedeutung	*exterior/superficial meaning*
Enttäuschung	*disappointment*
enttäuschte Erwartung	*disappointed expectation*
glaubhaft	*believable, plausible*
Handlung	*plot*
aktive Handlung	*action, storyline*
Höhepunkt	*climax*
Konflikt	*conflict*
Konfliktsituation	*conflict situation*
Lösung eines Konfliktes	*solution of a conflict*
Meinungsverschiedenheit	*difference of opinion*
Missverständnis	*misunderstanding*
Ungereimtheit	*inconsistency*
Wechselwirkung	*interplay, interaction*
Wendepunkt	*turning point*

↗ Vokabular S. 52 f., 61, 72, 76

Unterscheidung von action und plot

Das deutsche Wort *Handlung* wird manchmal als *action* und manchmal als *plot* übersetzt. Was ist denn der Unterschied? Wie das Wort schon andeutet, steckt hinter *action* in einem Roman oder einer Kurzgeschichte das, was passiert.

Der Ausdruck *plot* reicht in seiner Bedeutung viel tiefer. Hier geht es um die Wechselwirkung zwischen *character* und *action,* die eine Geschichte **glaubhaft** *(plausible)* macht.

Deshalb reden wir auch von *bad plotting,* wenn eine Person in einer Geschichte unrealistisch oder unglaublich, d.h. *out of character,* agiert.

Ein gutes Beispiel von *bad plotting* ist der Film *Fatal Attraction* (deutscher Titel: Eine verhängnisvolle Affäre, 1987).

In diesem Film hat Michael Douglas als Rechtsanwalt in New York eine Wochenendaffäre mit einer Verlagsredakteurin, die von Glenn Close gespielt wird. Close nimmt diese kurze und unter Alkoholeinfluss zustande gekommene Episode wichtiger als Douglas und entwickelt konsequenterweise eine krankhafte Eifersucht. Douglas versucht ihr einzureden, dass dieses Treffen nur eine nette Affäre war. Close, die mehr und mehr die Fassung verliert, versucht andererseits mit extravaganten und schließlich heimtückischen Mitteln seine Zuneigung zu gewinnen. Diese Strategie findet ihren Höhepunkt darin, dass sie Douglas und seine Frau in deren Haus attackiert.

Auf der Ebene der aktiven Handlung ist *Fatal Attraction* ein spannender und unterhaltsamer Film. Trotzdem wird er oft als Beispiel für *bad plotting* in Bezug auf seine äußerst unglaubwürdige Handlung herangezogen.

Warum ist das so?

Zunächst spielt Douglas einen erfolgreichen Rechtsanwalt, der glücklich verheiratet ist. Er hat auch eine kleine Tochter, die er über alles liebt. Sein Vorgesetzter ist kurz davor, ihn zu seinem Partner in der Firma zu machen.

Es ist unwahrscheinlich, dass jemand all dies für eine Affäre mit einer Frau, die er gerade erst kennengelernt hat, aufs Spiel setzt.

Aber selbst wenn wir so weit zustimmen würden, wird die Handlung vollkommen unglaubwürdig, als Douglas zulässt, dass die ganze Situation außer Kontrolle gerät und nicht nur seine Karriere und seine Ehe, sondern auch sein Leben und das seiner Frau und seiner Tochter bedroht werden. In der Realität hätte er schon viel früher seiner Frau erzählt, was passiert war. Es war aus seiner Sicht doch nur eine bedeutungslose Episode.

Die folgenden Schritte werden Ihnen helfen, sich die Handlung einer Geschichte zu verdeutlichen.

SCHRITT 1 Lesen Sie den Text mehrmals durch und klären Sie unbekannte Vokabeln.

SCHRITT 2 Ermitteln Sie zuerst die oberflächlichen Handlungsstränge, die **Rahmenhandlung** *(framework plot)* der Geschichte. Wo findet die Handlung statt? Welche Personen kommen in der Geschichte vor? Was passiert?

SCHRITT 3 Jetzt geht es darum, die innere Bedeutung der Handlung herauszufinden. Vergessen Sie dabei nicht, dass im Grunde alle Handlungen in der Literatur mit der **Lösung eines Konfliktes** zu tun haben. Hier sollten Sie also zuerst die Konfliktsituation klar erkennen und interpretieren.

NOTICE In der Literatur hat der Konflikt nur sehr selten etwas mit einer gewaltsamen Auseinandersetzung zu tun. Es handelt sich vielmehr um ein Missverständnis, eine Kränkung, eine Ungereimtheit, eine manchmal trivial erscheinende Meinungsverschiedenheit, eine neue Erfahrung, eine enttäuschte Erwartung usw.

Hier ist ein Beispiel für eine solche Konfliktsituation. In dem Auszug handelt es sich um einen protestantischen Jungen, Billy, und ein katholisches Mädchen, Kathleen, die über die Glaubensgrenzen hinweg heiraten wollen:

They sat down at the table and Kathleen put her hand over Billy's. "I love you, too, Billy," she said. "But that's the trouble, isn't it? We can't go on like this, Billy. Meeting secretly, hiding. It's not right, Billy. It's dishonest … deceitful. When're you going to tell your dad about us?" Billy thought of his sister Doreen. She'd said and asked the same. "And you, Kathleen?" said Billy. "When're you going to talk to your family?" She looked at Billy closely. "The moment I know that you're serious, Billy, really serious. I'll talk to my family then. You know I will."

SCHRITT 4 Wenn Sie die Konfliktsituation beschrieben haben, geht es darum, die Lösung des Konfliktes anhand des Textes zu erklären. (↗ **Kurzgeschichten,** S. 52 ff.)

SCHRITT 5 Vergessen Sie schließlich nicht, Ihren **Entwurf** *(draft)* auf inhaltliche Vollständigkeit und sprachliche Richtigkeit zu überprüfen, bevor Sie die **Reinschrift** *(fair copy)* erstellen.

8 Das Schreiben nicht fiktionaler Texte

Ein Wort vorweg …
Heutzutage spielt die reine **Textanalyse** keine große Rolle mehr. Viel wichtiger ist die **eigene Textproduktion.** Die formellen Merkmale der Textsorten, die in der Schule häufig verlangt werden, werden in diesem Teil beschrieben. Sie erhalten auch eine Reihe von praktischen Tipps und Anregungen zur eigenen Textproduktion.

1 Sammeln Sie Ideen und Informationen anhand von ***mind map*** bzw. ***topic web,*** um Material zu einem bestimmten Thema in logische Verbindungen zu bringen. Wie die Namen andeuten, befasst sich ein ***mind map*** mit Gedanken, Meinungen und Gefühlen während ein ***topic web*** sich eher nach Fakten und objektiven Informationen richtet.

2 Eine grundlegende Fertigkeit, die Sie unbedingt beherrschen müssen, ist das mündliche bzw. schriftliche Zusammenfassen von Texten aller Art. Beachten Sie dabei, dass bei einer Zusammenfassung meist die folgenden Elemente eines Textes herausgenommen werden:

- **Tabellen, grafische Darstellungen** *(graphics)*
- **Beispiele,** die durch Wendungen wie *for example/e.g., for instance, such as, as in the case of, as when* usw. eingeleitet werden.
- **Anekdoten** *(anecdotes),* **Witze** *(jokes)* und **Randbemerkungen** *(asides),* die z.B. durch *by the way, incidentally, in passing, that reminds me* usw. angekündigt werden. Das gilt auch für **Sprichworte** *(proverbs)* und **Lebensweisheiten** *(wise sayings).*

■ Wiederholungen, denen Ausdrücke wie *in other words, put another way, as I was saying, as I have already said, to repeat* usw. vorausgehen.
■ **Stilmittel** *(stylistic devices)*, vor allem *similes* (**Vergleiche** mit *like* oder *as*), **Aufzählung** *(enumeration)* und natürlich **Wiederholung** *(repetition)*.
■ **Zitate** *(quotations)* und Meinungen von Experten, die ein Argument unterstützen oder einen Aspekt illustrieren sollen.

8.1 Leserbrief
Readers' letter

Weil sie unter Umständen veröffentlicht werden könnten, verwenden **Leserbriefe** an eine Zeitungsredaktion einen formellen Stil. In vielerlei Hinsicht gehören Briefe an seriöse Zeitungen zu den förmlichsten Schreiben überhaupt. (↗ **Gehobener Stil,** S. 70)
Da sie sich normalerweise mit einem umstrittenen Tagesthema oder Zeitungsbeitrag beschäftigen, weisen sie oft die Struktur einer Argumentation auf. (↗ **Argumentative Sachtexte,** S. 19)

Hier ein Beispiel für einen Leserbrief:

Sir or madam – I refer to the article on animal rights in today's edition of the Messenger. In it, you devote a great deal of space to describing the "success" of animal-rights activists in closing breeding establishments for laboratory animals. Nowhere was there a reference to the important benefits to seriously ill humans from animal experiments conducted according to high veterinary and ethical standards. I am a consultant in newborn intensive care and have worked clinically with sick newborn babies for over 20 years. Like virtually all hospitals delivering babies in developed countries, we use two life-saving treatments that would never have been discovered and developed without the use of animal experimentation: corticosteroids, given to mothers about

to give birth prematurely; and surfactant, given into the lungs of premature babies whose breathing has failed. Both treatments have been instrumental in relieving much suffering and saving many lives. (...)
Dr Brian Sutton, Leeds

8.2 Geschäftsbrief
Business letter

Geschäftsbriefe sind natürlich viel förmlicher als persönliche Briefe, sie müssen deshalb aber noch lange nicht trocken und unfreundlich klingen. Der Stil englischer Geschäftsbriefe hat sich in letzter Zeit so entwickelt, dass er entspannt, wenn nicht sogar ansatzweise informell erscheint.

Bei Geschäftsbriefen geht es vor allem darum, eindeutig und präzise zu sein. Machen Sie also für jeden Inhaltspunkt einen eigenen Absatz.

Hier ein Beispiel für eine Form, die zunehmend beliebt ist. Sie heißt *full block* oder *flush left style*, weil Teile wie das Datum und die Empfängeranschrift untereinander am linken Rand angeordnet sind.

Die Anmerkungen beziehen sich auf Unterschiede zwischen dem deutschen und dem britischen Gebrauch.

Ajax Classic Cars Limited
26 Avon Business Park Bristol BS1 8RF
Tel +44-(0)117-405060-0 Fax +44-(0)117-405060-10 email info@acc.co.uk

22 June 2011

no full-stop after day

Our ref LD/En/2
Your ref

Automarkt Rhein-Ruhr GmbH
Hafenstraße 5–9
47051 Duisburg

Attn Mr Bernd Kaiser

Att(entio)**n** = (z. Hd.)

Wholesale catalogue

subject line above salutation, as in DIN form.

Dear Mr Kaiser

If possible, start with a **name.** If this is not possible, then start with **Dear Sir or Madam.**

Further to our telephone conversation, I enclose two copies of our current catalogue for classic British cars. Once you have had a chance to look at our catalogue, we would be delighted to receive an order from you.

Yours sincerely
Ajax Classic Cars Limited

Lucy Davis
Lucy Davis
Sales Department

If you started with a name, sign off with **Yours sincerely.** If you started with **Dear Sir or Madam,** sign off with **Yours faithfully.**
If you are writing to a company for the first time, give **your firm's name** and your **position in the company,** as here.

Encs current catalogue (2x)

Enc(losure)s *Anlage(n)*

cc J. K. Cooper, Marketing

copy/ies circulated
Kopie(n) an (Verteiler)

NOTICE **Always obey** the **ABC Rule** in business communications:

A Be **accurate.** Make sure that all details – e.g. names, dates, order numbers, prices etc – are correct and complete.

B Be **brief.** Say exactly what you want to say and then stop.

C Be **clear.** Use plain, simple English. Write in an easy, natural style without being either too formal or too casual [*salopp*]. Use **long forms** – e.g. *they are, he did not, they would be* – in business letters.

8.3 E-Mail

E-mail

In der Anfangszeit des E-Mailens war es noch sehr informell. Im Grunde verwendete man in E-Mails die alltägliche Umgangssprache in schriftlicher Form. Wie dem auch sei, in der Zwischenzeit sind E-Mails ein etabliertes Mittel der schriftlichen Kommunikation geworden, vergleichbar mit gewöhnlichen Briefen, die sie weitgehend ersetzt haben. Aus diesem Grund gelten die geläufigen Regeln des Briefeschreibens jetzt auch für E-Mails. Dies ist insbesondere der Fall in Business-Anwendungen. Der lockere Stil der früheren E-Mail lebt weiter beim SMS-Schreiben und Chatten.

Die Struktur einer typischen E-Mail

Üblicherweise hat eine formellere E-Mail **sechs Teile:**

1 **Betreff:** *subject box/line* Tragen Sie das Thema der E-Mail immer in die Betreffzeile ein, z. B. *your visit, travel arrangements.*

2 **Anrede** *salutation* Hier gibt es mehrere Möglichkeiten, wie folgt:

Dear Sir or Madam	sehr formell. Benutzen Sie diese Anrede nur dann, wenn Sie den Namen des Empfängers bzw. der Empfängerin nicht kennen.

Mr/Mrs/Ms Brown/…	formell
Dear Laura/Jim/…	weniger formell
Hello/Hi Sue/Ben/…	informell, besonders *Hi*
keine Anrede	sehr informell. Verzichten Sie auf die Anrede nur dann, wenn Sie eine sofortige Antwort an jemanden schicken, den Sie gut kennen.

3 **Thema** *topic* Sagen Sie sofort, worum es geht, z. B. *This is to let you know that … or I'm just writing about …* Beantworten Sie eine E-Mail, dann beginnen Sie z. B. mit *Thank you/Thanks for your email/mail about …*

4 **Zweck/Ziel** *purpose/aim* Sagen Sie, was Sie wollen. Bei Geschäftsangelegenheiten werden Sie hier entweder eine Bitte ausdrücken oder Informationen übermitteln.

5 **Schlusssatz** *final sentence* Beenden Sie die Mail mit einem freundlichen Satz, z. B. *Thank you (very much)/Thanks (a lot) for your trouble or Please get in touch if there are any problems.*

6 **Schlussformel** *signing off* *Yours sincerely/faithfully* klingen zu formell sogar in geschäftlichen E-Mails. Schreiben Sie besser etwa *Best regards/wishes, All the best* oder, wenn Sie die andere Person gut kennen, einfach *Yours*.

8.4 Bericht

Report

Ein Bericht ist die objektive Darstellung eines tatsächlichen Vorgangs. Daher beantwortet ein Bericht folgende „journalistische Fragen“:

1 *What event took place?*
2 *Where and when did it take place?*
3 *Who was involved?*
4 *Why and how did it happen?*

Die folgenden Arbeitsschritte können Ihnen helfen, einen vollständigen und wertfreien Bericht zu verfassen.

SCHRITT 1 Schreiben Sie bloß nicht einfach drauflos! Mit Hilfe eines ***topic web*** sammeln Sie die Fakten entsprechend den oben genannten Leitfragen.

SCHRITT 2 Arrangieren Sie Ihr Material in der angegebenen Reihenfolge, also: Was? Wo? Wann? Wer? Warum? Wie?
Ein Beispiel:

> There was a bad accident on the main Norwich to Holt road near the Marsham Arms pub at about 9.30 yesterday evening. A 25-year-old man driving towards Norwich lost control of his car and crashed into a van travelling in the opposite direction. Both occupants of the van were injured, one seriously, while the car driver escaped unhurt. According to police, the accident was probably caused by driving too fast on a wet road, though this is still to be confirmed. (…)

SCHRITT 3 Berichte zeigen einen förmlicheren Stil, ohne aufgeblasen oder gar unnötig kompliziert zu wirken. Am allerwichtigsten sind Klarheit, Genauigkeit und Vollständigkeit. (↗ **Gehobener Stil,** S. 70)
Eine unpersönliche Haltung wird durch den Gebrauch des Passivs und durch eine wertfreie Darstellung der Ereignisse zum Ausdruck gebracht. (↗ **Impersonal language,** S. 69)

SCHRITT 4 Korrigieren Sie Ihren Entwurf und stellen Sie die Reinschrift her.

8.5 Stellungnahme
Comment

Viele Aufgaben verlangen, dass Sie Ihre Meinung zu einem strittigen Thema darstellen. Dies passiert in einer längeren schriftlichen Form als Kommentar oder Stellungnahme. Diese recht offene Definition weist darauf hin, dass es verschiedene Arten des Aufsatzes gibt. Der **argumentative Aufsatz** ist für Sie in diesem Zusammenhang wichtig. In diesen Aufsätzen müssen Sie eine Argumentation für oder gegen eine Idee präsentieren.

Hier einige Tipps für das Schreiben von **argumentativen Aufsätzen:**

SCHRITT 1 Lesen Sie sich das für den Aufsatz vorgegebene Thema gründlich durch, um sicherzugehen, dass Sie es verstanden haben. Das Thema wird sicherlich auf einen oder einige Punkte beschränkt sein. Unterstreichen bzw. markieren Sie diese Punkte. Wenn Sie dies nicht tun, kann es passieren, dass Sie von der Aufgabenstellung abweichen und irrelevantes Material mit in den Aufsatz einbauen.
Es folgen vier Beispiele für Themen, die in Klausuren vorgegeben wurden. Die Punkte, auf die sich die Themen beschränken, sind unterstrichen.
– *The centres of historical towns should be permanently closed to private vehicles.*
– *Really tough punishments for drug dealers and sympathetic help for drug users would soon solve the problem of drug abuse.*
– *Mothers of young children should not go to work at all until their children start full-time school.*
– *Divorced people under the age of 35 should have to pass a stiff marriage test like the driving test.*

SCHRITT 2 Schreiben Sie Ihre vorläufige Aussage zu dem Thema auf Konzeptpapier.

SCHRITT 3 Sammeln Sie Argumente für und gegen den im Thema enthaltenen kontroversen Vorschlag. Die Argumente beruhen auf Texten, die Sie gelesen haben, und natürlich auf Ihren eigenen Ideen. Ihre Ideen können Sie sammeln, indem Sie die Technik des „Brainstormings“ anwenden. Machen Sie eine Liste aller Ideen, die Ihnen spontan zu dem Thema einfallen.

Noch sinnvoller kann ein ***mind map*** oder ***topic web*** sein. Das mag zwar zunächst mehr Zeit in Anspruch nehmen, aber später können Sie Zeit einsparen, wenn Sie die gesammelten Ideen nach logischen Gesichtspunkten geordnet und gewichtet haben.

SCHRITT 4 Schreiben Sie nun auf Konzeptpapier einen Entwurf, der sich an den folgenden Leitfaden hält. Konzentrieren Sie sich dabei ausschließlich auf das angesprochene Thema. (An diesem Punkt zahlt sich übrigens ein gut gemachtes ***mind map*** aus.)
Einleitung Darstellung des Problems und der eigenen Meinung.
Mittelteil Argumente dafür/dagegen, auf Tatsachen und Beweise gestützt.
Schlussteil Wiederholte Darstellung der Meinung und kurze Zusammenfassung der wichtigsten Gründe. (↗ auch **Wie man ein Referat verfasst und hält,** S. 115)

SCHRITT 5 Korrigieren Sie Ihren Entwurf und stellen Sie die Reinschrift her.

8.6 Dialog
Dialogue

Formen des Dialogs

Es kommt vor, dass Sie anstelle eines Briefes oder Kommentars einen Dialog schreiben sollen. Deshalb sollten Sie zwei wichtige Formen des Dialogs kennenlernen: den **argumentativen Dialog** und das **Interview,** also den informativen Dialog.
In einem **argumentativen Dialog** präsentieren die Teilnehmer ihre gegensätzlichen Meinungen und Argumente.
In einem **Interview** dagegen ist der Interviewer daran interessiert, spezifische Informationen zu bekommen. Das bedeutet jedoch nicht, dass Sie bloß eine Reihe von Fragen stellen, wie dies sonst z. B. in Bewerbungsgesprächen üblich ist. Oft vertritt der

Interviewer eine gegensätzliche Meinung, um das Interview lebendiger zu gestalten und um den **Interviewpartner** *(interviewee)* aus der Reserve zu locken.

Der Sprachgebrauch in Dialogen

Der grundlegende und offensichtliche Unterschied zwischen einem Dialog und einem Prosatext ist, dass in Dialogen gesprochene Sprache eingesetzt wird. Wenn Sie einen Dialog schreiben, sollten Sie in erster Linie einen informellen Stil benutzen, diesen allerdings um einige für gesprochene Sprache charakteristische Mittel erweitern.

Hier eine vollständige Liste dieser Mittel mit Beispielen zum Thema Waffenbesitz in den USA:

attention-catchers

– ***Listen,*** *I don't want to ban all guns.*
– ***Okay then,*** *let's talk about rifle clubs.*
– ***Right. Yes.*** *But we must compensate manufacturers and dealers.*
– ***Now,*** *I find that solution is no solution at all.*
– ***Well,*** *I'd like to begin by talking about how easy it is to buy a gun.*

short forms of verbs

– *I**'m** sure you**'re** right, but that**'s** not really relevant.*
– *That idea just would**n't** work. You**'ve** ignored the problem of policing.*

short answers

– *Are you saying that we should ban all private guns?* – ***Yes, I am.*** *You know, like in Britain. It's working fine there.*
– ***No, it's not.*** *There are endless problems with sporting guns. Most experts think a total ban can never work.*
– ***No, they don't.*** *That's completely untrue.*

question tags
- *That's another question,* ***isn't it?***
- *You've gone off the point,* ***haven't you?***
- *The minister said she's against banning all guns,* ***didn't she?***
- *Yes, but that doesn't matter,* ***does it?***
- *Well, they would say that,* ***wouldn't they?***

using emphasisers
- *I didn't say that. What* ***I did say*** *is that you're exaggerating.*
- ***Whatever*** *you may say, there is no evidence* ***whatsoever*** *for that.*
- ***What on earth*** *do you mean?* ***It was the minister herself who*** *said that.*
- ***Good heavens,*** *everybody knows that guns kill.*

interrupting
- ***Just a minute,*** *let's look at the present law first.*
- ***Hang on a moment,*** *you've misunderstood me.*
- ***I'm sorry to interrupt,*** *but you're absolutely wrong there, you know.*

gaining time
- ***Let me think … Oh yes,*** *I wanted to ask about policing.*
- ***What was I saying? Oh, I remember.*** *Guns don't kill, people do.*
- ***Uhm …*** *Well, you may be right there, I suppose.*
- ***Er …*** *Sorry, could you repeat that?*
- ***Let's see.*** *Well,* ***you could say that*** *I agree with the idea.*

common dialogue phrases
- ***I'm sorry, but*** *I've got to interrupt you there.*
- *That idea won't work,* ***I'm afraid.***
- *You're quite wrong to think that,* ***you know.***
- ***You see,*** *it just doesn't work like that.*
- ***Really?*** *That's news to me.*

Einen Dialog schreiben

Argumentative Dialoge

Hier sind ein paar Tipps, die beim Schreiben eines Dialogs nützlich sein können.

SCHRITT 1 Lesen Sie die Aufgabenstellung gründlich durch, um sie genau zu verstehen. Prüfen Sie vor allem, ob das Thema in irgendeiner Weise eingeschränkt ist. (Das ist sehr wahrscheinlich.)

SCHRITT 2 Sortieren Sie Meinungen und Tatsachen, bevor Sie zu schreiben anfangen. Eine Tabelle oder ein ***mind map,*** das Pro, Kontra und „weiß nicht genau" verbindet, ist hier sehr nützlich.

SCHRITT 3 Stellen Sie Pro und Kontra paarweise gegenüber, wie unten angedeutet. Das Thema ist an dieser Stelle das Verbot von Waffenexporten.

pros	cons
less arms – less conflicts	people would just use other, less humane, weapons
more money for food, school	what money? Weapons bought with tied credits (zweckgebundene Kredite)
immoral trade	if we don't, somebody else will
releases workers for new industries	experience shows this doesn't happen

SCHRITT 4 Schreiben Sie jetzt einen Entwurf, in dem ein Sprecher die Pro-Argumente und ein anderer die Kontra-Argumente benutzt. Lassen Sie einen Sprecher nicht zu lange reden, ohne dass er durch den anderen unterbrochen oder abgelöst wird. Dialoge sollten wie ein Tennisspiel geführt werden. Wenden Sie **Mittel der gesprochenen Sprache** an (↗ S. 99).

SCHRITT 5 Korrigieren Sie Ihren Dialog und machen Sie eine Reinschrift.

Interviews

Hier einige Tipps für die Vorbereitung und Durchführung eines Interviews:

SCHRITT 1 Lesen Sie die Aufgabenstellung genau durch, um sie richtig zu verstehen. Prüfen Sie auch, ob das Thema in irgendeiner Weise eingeschränkt ist. (Dies ist fast immer der Fall.)

SCHRITT 2 Machen Sie eine Liste konkreter Fragen und ordnen Sie diese logisch von allgemeinen zu spezielleren Fragen.
Fragen Sie Ihren **Interviewpartner** *(the interviewee)* zunächst nach seiner Meinung und schließen Sie weitere Fragen zu umstrittenen Punkten an. Überlegen Sie sich Fragen sowohl für eine Pro- als auch für eine Kontra-Antwort.
Formulieren Sie Ihre Fragen nicht immer gleich. Benutzen Sie verschiedene Frageformen. Beachten Sie auch die Form **Aussage + Frage** (↗ **Beispiele in der Liste**, S. 103).
Die Liste von Beispielfragen bezieht sich auf die Legalisierung von Drogen.

Die übrigen Schritte sind die gleichen wie diejenigen, die für **argumentative Dialoge** gelten (↗ S. 101).

HOW DO YOU STAND ON THE LEGALISATION OF DRUGS?

PRO

- Isn't it true that the drug laws criminalise otherwise decent people and bring young people into contact with criminals?
- Doesn't the ban on drugs just push up the price of cheap drugs like marihuana?
- The drug laws and high prices are said to put users at risk through blackmail and sexual abuse. What's your position on that?
- What do you say to the evidence that most theft among young people is drug-related?
- On the whole, the police are for limited legalisation. Surely they must know?
- What about America's experience? Doesn't that suggest that punishing users is no answer?

CON

- How do you answer the argument that legalising marihuana will encourage people to try drugs like heroin?
- What do you think of the argument that legalisation will lead to a huge increase in drug use?
- Do you think it's true that marihuana is no more harmful than social drugs like alcohol?
- Isn't it illogical to legalise marihuana just as we're trying to ban tobacco?
- Marihuana is said to lead to a euphoric feeling that everything's just great. Is that healthy in a competitive and fast-changing world?
- How would you finance legalisation? Through the health service?

8.7 Filmrezension
Film report

Eine **Filmbesprechung** *(film review)* sagt,

1 was in dem Film passiert

2 warum der Film für den/die Zuschauer/-in wichtig oder von Interesse ist.

Visuelle Fertigkeiten *(viewing skills)* sind jetzt Bestandteil der Lehrpläne einiger Bundesländer, einschließlich Nordrhein-Westfalen (↗ **Visuelle Fertigkeiten,** S. 27 ff.).

Die folgenden Hinweise sollten es Ihnen ermöglichen, eine gute Rezension bzw. einen passenden Kommentar zu verfassen:

SCHRITT 1 Schauen Sie sich den Film mehrfach an und stellen Sie sicher, dass Sie verstanden haben, was darin vorkommt. Machen Sie sich jetzt noch keine Gedanken über die spätere sprachliche Darstellung. Konzentrieren Sie sich ganz auf den Film.

SCHRITT 2 Schauen Sie sich nun den Film erneut an, wobei Sie nach jedem Ausschnitt die Pausentaste betätigen. Notieren Sie alles, was Sie sehen.

Treffen Sie bei Ihren Notizen jetzt noch keine Materialauswahl! Wenn möglich, benutzen Sie für Ihre Notizen englische Wörter und Ausdrücke. Falls Ihnen jedoch ein englischer Begriff nicht einfällt, so schreiben Sie diese Notiz lieber in deutscher Sprache auf, als dass Sie ein Detail auslassen. Machen Sie sich jetzt noch keine Gedanken über das Vokabular (↗ **Hörverständnis,** S. 24 ff., Lerntipps 5, 6).

SCHRITT 3 Wenn Sie Ihre Notizen gemacht haben, schauen Sie sich den Film noch einmal an, um sicherzustellen, dass Sie alles berücksichtigt haben. Falls Sie deutsche Wörter notiert haben, ersetzen Sie diese durch englischen Begriffe.

SCHRITT 4 Gehen Sie nun Ihre Notizen durch und streichen Sie das irrelevante Material. Konzentrieren Sie sich nur auf die wichtigsten und interessantesten Punkte. Achten Sie darauf, dass Sie so viele der sechs journalistischen Fragen *(who?, what?, where?, when?, how?, why?)* wie möglich beantworten können (↗ **Informative Sachtexte,** S. 45 f.).

SCHRITT 5 Erstellen Sie nun die Reinschrift Ihrer Notizen. Verwenden Sie hierfür kurze Sätze.
Zur Erinnerung (die Beispiele sind einem Naturfilm über Füchse entliehen):
- Verwenden Sie das ***present progressive,*** wenn Sie beschreiben, was auf dem Bildschirm in diesem Moment vorgeht:
  - *The female fox **is carrying** her cubs to safety.*
- Verwenden Sie das ***present perfect,*** wenn Sie darlegen, was gerade passiert ist:
  - *She **has just crossed** a busy road.*
- Verwenden Sie das ***simple past*** für zusätzliche Informationen über Vorgänge, die nun in der Vergangenheit liegen:
  - *Luckily, there **was** no traffic on the road at the time.*

SCHRITT 6 Schauen Sie sich nun den Film erneut an. Passen Sie Ihren Kommentar auf die jeweiligen Aktionen auf dem Bildschirm an. Dies bezeichnet man als Synchronizität. Möglicherweise stellen Sie fest, dass Ihr Kommentar zu lang ist, sodass er von einer Szene in die nächste überlappt. Falls Ihnen dies passiert, versuchen Sie nicht, durch schnelles Sprechen „aufzuholen". Sie werden sich sonst schnell atemlos anhören und anfangen, undeutlich zu sprechen (*to gabble* = brabbeln). Kürzen Sie stattdessen Ihren Kommentar.

SCHRITT 7 Sprechen Sie nun Ihren fertigen Kommentar synchron zum Film.

9 Das Schreiben fiktionaler Texte

9.1 Das kreative Schreiben

Creative writing

In einigen neuen Lehrplänen spielt das Schreiben von „kreativen Texten" eine zunehmend wichtige Rolle.
Im englischsprachigen Raum ist *creative writing* – z. B. das Schreiben einer Kurzgeschichte oder eines Gedichtes – äußerst beliebt. Das freie Schreiben kann aber nur bedingt auf den fremdsprachlichen Unterricht übertragen werden, da es eine künstlerische Begabung verlangt, die beim Erwerb einer Fremdsprache nur eine untergeordnete Rolle spielt.
Aus diesem Grund wird im Englischunterricht in der Regel nur das Schreiben von „textbezogenen Texten" verlangt, das auf den Inhalt und die Sprache eines im Unterricht durchgenommenen Textes zurückgreift.

Typische Aufgabenstellungen zum freien Schreiben

- die **Fortführung** einer Kurzgeschichte oder eines Theaterstückes, z. B.:
  - *How do you think the story could continue/go on?*
  - *Write a further scene to show how the play might continue.*
- das Neuschreiben einer Geschichte aus **einer anderen Erzählperspektive**, z. B.:
  - *Rewrite the … incident from …'s point of view.*
  - *Describe … through … eyes.* (↗ **Erzählperspektive**, S. 81 ff.)
- das Schreiben eines **Berichts** (↗ S. 95 f.) oder eines **Briefs**, z. B.:
  - *Write a police report about the accident/the suicide attempt/…*
  - *Write a letter from … to … about what happened in the story/play.*

- Das Schreiben eines **Interviews** oder Privatgespräches (↗ S. 102), z. B.:
- *Write an interview between ... and the police/a reporter.*
- *Write a private conversation between ... and ... about the incident when ...*

9.2 Wie man die Fortführung einer Geschichte schreibt

Writing the continuation of a story

Obwohl es keine festen Regeln zum Schreiben von fiktiven Texten gibt, kommen doch gewisse Tipps und Ratschläge immer wieder vor.
Am wichtigsten sind die folgenden:

1 Versuchen Sie sich immer in die Lage der Figur zu versetzen, die in der Handlung beschrieben wird. Dann stellen Sie sich folgende Fragen:
- Was würde ich in dieser Situation tun?
- Wie würde ich jetzt reagieren?

2 Beim Schreiben sollten Sie sich immer vorstellen, dass Sie mit einem guten Freund entspannt und verbindlich reden. So erhalten Sie eine natürliche Schreibweise.

Die folgenden Arbeitsschritte helfen Ihnen beim Schreiben:

SCHRITT 1 Vergewissern Sie sich zuerst, dass Sie die **Handlung** der Geschichte vollständig verstanden haben. Dazu sollten Sie auch beachten, dass zum Verständnis des *plot* neben dem Verstehen des Handlungsverlaufes auch die Einsicht in die Charaktere (Charakterisierung) gehört (↗ **Charakterisierung**, S. 84 ff.)!

SCHRITT 2 Das Schreiben der Fortführung einer bestehenden Geschichte ist nur bedingt frei oder „kreativ“, da die Handlung weitgehend schon vorgegeben ist. Daher bearbeiten Sie diese **sechs Schlüsselfragen** als eine vorbereitende Maßnahme:

1 Wie verhalten sich die Charaktere? Welche Stärken und Schwächen haben sie? Wie sind ihre Beziehungen zueinander ausgeprägt?

2 Aus welcher **Erzählperspektive** *(point of view)* wird die Handlung dargestellt? Wird ein **Ich-Erzähler** *(first person narrator)* oder ein **Beobachter** *(third person narrator)* benutzt? Falls ein Beobachter verwendet wird, dann ist er entweder **allwissend** *(omniscient)* oder **außenstehend** *(limited)*? (↗ **Erzählperspektive,** S. 81 ff.)

3 Welche **Konfliktsituationen** kommen in der Geschichte vor? Wie wird der Konflikt dargestellt und behandelt? Wird die Situation gelöst oder existiert sie noch in anderer Form weiter? (↗ **Konflikt in der Literatur,** S. 88 ff.)

4 Wie sind der **Handlungsort** *(setting)* und die **Atmosphäre** *(atmosphere)* gewählt? (↗ **Handlungsort und Atmosphäre,** S. 76 ff.)

5 In welcher **Situation** befindet sich der betroffene Charakter am Ende der Geschichte? Wie sieht also der **Ausgangspunkt** *(point of departure)* Ihrer Fortsetzung der Geschichte aus?

6 Wo soll Ihre Geschichte hinführen? In welcher Lage sollte(n) sich die Person(en) also am Ende Ihres Abschnittes befinden?

SCHRITT 3 Benutzen Sie ein *mind map,* um Ideen zu sammeln.

SCHRITT 4 Werten Sie Ihre Ideen gemäß den Schlüsselfragen oben aus. Achten Sie besonders auf Glaubwürdigkeit und **Konsequenz** *(consistency).*

SCHRITT 5 Jetzt haben Sie ein mögliches **Szenario** entwickelt. Benutzen Sie dieses Szenario, um Ihre Fortführung der Geschichte zu verfassen.

Achten Sie dabei auf folgende Punkte:

1 Benutzen Sie unbedingt dieselbe **Zeitform,** die in der Originalgeschichte verwendet wird.

2 Versuchen Sie, denselben **Stil** und dieselbe **Wortwahl** wie im Original zu verwenden. (↗ **Sprachgebrauch und Stilmittel,** S. 67 ff.)

3 Versuchen Sie bitte nicht, den/die große(n) Schriftsteller(in) zu mimen! Dies funktioniert nicht, da Sie so wahrscheinlich einen sehr unnatürlichen Schreibstil benutzen würden. Besser ist es, sich an folgende Empfehlungen des Schriftstellers George Orwell zu halten:

- *Never use a metaphor, simile, or other figure of speech* (Stilmittel) *which you are used to seeing in print.*
- *Never use a long word where a short one will do.*
- *If it is possible to cut a word out, always cut it out.*
- *Never use the passive where you can use the active.*
- *Never use a foreign phrase, a scientific word or a jargon word if you can think of an everyday English equivalent.*
- *Break any of these rules sooner than saying anything outright barbarous* (ausgesprochen primitiv).

SCHRITT 6 Überprüfen Sie Ihren Entwurf auf mögliche Fehler und erstellen Sie eine Reinschrift.

9.3 Aus einer anderen Erzählperspektive schreiben

Writing point-of view story

Eine **Geschichte aus einer anderen Erzählperspektive** *(point-of-view-story)* ist im Schulgebrauch eine Geschichte oder ein Handlungsabschnitt, der aus dem Blickwinkel eines anderen Charakters als dem des ursprünglichen Erzählers beschrieben wird, also durch Verwendung eines neuen Erzählers. Im Folgenden erfahren Sie, wie Sie verschiedene Geschichten aus einer anderen Erzählperspektive neu schreiben können. Zur Verdeutlichung sei angemerkt, dass der Wechsel der Erzählperspektive nicht nur die Änderung des Betrachters (also von einem Erzähler zum nächsten), sondern immer auch die Änderung des Stilmittels (also z. B. vom Ich-Erzähler zum außenstehenden Beobachter) beinhaltet.

Geschichten aus der Sicht des Ich-Erzählers

Geschichten eines Ich-Erzählers sind am einfachsten in Geschichten aus einer anderen Erzählperspektive umzuwandeln. Um die Geschichte eines Ich-Erzählers aus einer anderen Perspektive neu zu schreiben, ist es grundsätzlich möglich, irgendeinen anderen Charakter als den neuen Erzähler zu wählen. In der Praxis ist es jedoch am effektivsten, die Rollen zwischen dem ursprünglichen Erzähler und einem der Hauptcharaktere als neuem Erzähler zu tauschen. (↗ **Ich-Erzähler,** S. 82)

Geschichten aus der Sicht des allwissenden Beobachters

Der allwissende Erzähler gibt eine Geschichte aus der Sicht eines Charakters wieder, also aus der Sicht des/der Helden/Heldin. Da der Erzähler „allwissend" *(omniscient)* ist, kann er nicht nur Aktionen und Äußerlichkeiten beschreiben, sondern auch seine oder ihre Gedanken und Gefühle (↗ **allwissender Beobachter,** S. 81 ff.). Es bestehen zwei Möglichkeiten, die Geschichte eines allwissenden Beobachters aus einer anderen Erzählperspektive zu schreiben:

1 Sie können die Schreibweise in der dritten Person beibehalten, aber die Geschichte aus dem Blickwinkel eines anderen Charakters erzählen. Beispiel: In Kriminalgeschichten gibt der Erzähler sehr oft die Handlung aus der Sicht der Polizei wieder. In diesem Fall können Sie einen Erzähler in der dritten Person die gleiche Handlung aus der Sicht des Täters erzählen lassen, wie in den Ripley-Romanen von Patricia Highsmith. Dies entspricht der Erzählperspektive des außenstehenden Beobachters.

2 Sie können einfach den Hauptcharakter oder einen der Hauptcharaktere als Ich-Erzähler verwenden (↗ S. 110).

Geschichten aus der Sicht des außenstehenden Beobachters

Der außenstehende Beobachter gibt eine Geschichte aus der Sicht eines Reporters wieder *(„a fly on the wall“)* (↗ **außenstehender Beobachter,** S. 83).

Um solche Geschichten umzuwandeln, muss man entweder einen Ich-Erzähler oder einen allwissenden Beobachter verwenden (↗ S. 110).

Von letzterer Möglichkeit ist jedoch abzuraten, da sie extrem anspruchsvoll ist. Aus diesem Grund sollten Sie solche Geschichten umwandeln, indem Sie einen passenden Ich-Erzähler verwenden.

Verwenden Sie folgende Schritte, wenn Sie Geschichten aus einer anderen Erzählperspektive schreiben:

SCHRITT 1 Wenn Sie möchten, können Sie diese Aufgabe auch gut zu zweit bearbeiten. Wie immer sollten Sie zuerst sicherstellen, dass Sie die Originalgeschichte bzw. den entsprechenden Abschnitt verstanden haben, bevor Sie mit der Arbeit beginnen. Neben der Handlung sollten Sie insbesondere auch auf die Gefühle und **Beweggründe** *(motives)* der einzelnen Charaktere achten.

SCHRITT 2 Fangen Sie nicht einfach an zu schreiben. Beginnen Sie zunächst mit einer provisorischen Liste der vorzunehmenden Änderungen in der Geschichte. Diese Liste sollte folgende Punkte beinhalten:

1 Formale **grammatikalische Veränderungen,** insbesondere Pronomen und entsprechende Verbindungen, sowie einige Adverbien und Präpositionen

2 **Hinzufügungen** zum Original durch die veränderte Erzählperspektive

3 **Streichungen** vom Original durch diese Veränderung

SCHRITT 3 Überprüfen Sie Ihre Liste auf Vollständigkeit. Achten Sie insbesondere auf Hinzufügungen und Streichungen.

Versetzen Sie sich für **Hinzufügungen** in die Lage des erzählenden Charakters. Fragen Sie sich:
- Wie würde ich mich fühlen? Was würde ich sagen?

Bei **Streichungen** sollten Sie sich fragen:
- Würde ich dies über die Person wissen? Ist dies nicht der Fall, lassen Sie es aus.

SCHRITT 4 Wenn Sie meinen, dass Ihre Liste vollständig ist, schreiben Sie einen Entwurf Ihrer Geschichte aus der neuen Erzählperspektive. Achten Sie darauf, stets dieselben Zeiten und den gleichen Stil zu verwenden wie das Original.

SCHRITT 5 Überprüfen Sie Ihren Entwurf auf mögliche Fehler und erstellen Sie eine Reinschrift.

9.4 Prosa in Bühnenstücke oder Drehbücher umwandeln

Changing prose stories into plays or screenplays

Bevor Sie weiterlesen, schauen Sie sich zunächst erneut den Abschnitt **Visuelle Fertigkeiten** (↗ S. 27 ff.) an. Dort finden Sie grundlegende Informationen darüber, wie Sie ein Printmedium in ein visuelles Medium umwandeln.
Halten Sie sich an die folgenden Schritte (Sie können dies auch zu zweit bearbeiten):

SCHRITT 1 Vergewissern Sie sich, dass Sie den Prosatext im Original verstanden haben. Achten Sie dabei insbesondere auf die Charakterisierung, also darauf, wie sich die einzelnen Personen verhalten und wie dies dem Leser vermittelt wird.

SCHRITT 2 Teilen Sie den Text in die folgenden vier Teile auf:
1 Beschreibung des **Handlungsortes.**
2 Beschreibung der Bewegungen der verschiedenen Personen, einschließlich **Gestik** und **Mimik.**
3 **Direkte Rede** einschließlich **Tonfall**, z. B. ärgerlich oder weich.
4 **Gedanken** der einzelnen Charaktere. Falls Ihnen das Buch selbst gehört, markieren Sie die entsprechenden Passagen mit einem Textmarker oder durch farbiges Unterstreichen. Falls Sie das Buch ausgeliehen haben, notieren Sie Zeilennummern auf einem separaten Blatt.

SCHRITT 3 Die vier Elemente einer fiktiven Prosageschichte können Sie wie folgt in die entsprechenden Elemente eines Bühnenstückes oder Filmes umwandeln:
1 **Handlungsort:** Bühnen- oder Setanweisungen für den Bühnen- oder Setdesigner und/oder Regisseur am Anfang einer Szene.

2 **Bewegungen:** Regieanweisungen für die Darsteller und den Regisseur (in Klammern) an der entsprechenden Stelle im Manuskript.
3 **Direkte Rede:** Dialoge nach dem Namen der Person mit Regieanweisungen in Klammern.
4 **Gedanken:** Gesichtsausdrücke und möglicherweise zusätzliche Dialoge; dies wird in der Praxis oft ausgelassen.

SCHRITT 4 Verteilen Sie die Dialoge, also die Sprechauftritte und Rollen, auf die einzelnen Charaktere. Müssen Sie zusätzliche Dialoge einfügen, um die Gedanken einer Person auszudrücken? Ist dies der Fall, so überlegen Sie, ob diese Gedanken von der Person selbst gesprochen werden können oder ob hierfür ein neuer Charakter geschaffen werden muss. Wenn möglich, lassen Sie Gedanken und Gefühle aus, die schauspielerisch nur schwer darzustellen sind. Überlassen Sie dies dem Vorstellungsvermögen des Publikums.

SCHRITT 5 Schreiben Sie die Regieanweisungen wie in Schritt 3 beschrieben. Zur Hilfe können Sie diese in anderen Bühnenstücken nachlesen.

SCHRITT 6 Überprüfen Sie Ihren Entwurf auf mögliche Fehler und erstellen Sie eine Reinschrift.

Präsentationsfertigkeiten

10.1 Wie man ein Referat verfasst und hält
Writing and giving a paper or talk

In der Oberstufe wurde das Referat schon immer eingesetzt, um Schülern zu ermöglichen, ein Thema intensiv und vor allem selbstständig zu erforschen. Nach einer Zeit der Vernachlässigung feiert das Referat – jetzt meist in Form eines *talk* (↗ unten) – auch im Englischunterricht ein willkommenes Comeback.

NOTICE Der Begriff **Referat** wird manchmal mit *paper*, manchmal als *talk* übersetzt, aber die beiden Wörter sind nicht gleichbedeutend. Gemeinsam ist ihnen natürlich, dass sie gesprochene Texte meinen.
Unter ***paper*** versteht man einen wissenschaftlichen Vortrag. Das Ziel ist, neue und für die Zuhörer meist unbekannte Informationen und Kenntnisse zu vermitteln. Der Stil ist förmlich und akademisch. Häufig werden Grafiken und Handouts benutzt, um das oft komplizierte und unvertraute Material zugänglicher zu machen.
Ein ***talk*** dagegen ist informeller, entspannter und weniger akademisch. Wie bei einem *paper* kann auch das Ziel eines *talk* sein, einfach Informationen zu vermitteln. Häufig jedoch versucht der Redner, seine Zuhörer zu überzeugen.

Die Vorbereitung eines Referats

Hier einige wichtige **Arbeitsschritte** und **Tipps** zur Vorbereitung eines *talk:*

SCHRITT 1 Wie immer sammeln Sie Ideen anhand eines *mind map* bzw. *topic web.* Berücksichtigen Sie dabei auch Materialien aus früheren Englischkursen, anderen Fächern und sonstigen Quellen.

SCHRITT 2 Bringen Sie Ihre Gedanken in eine logische Reihenfolge **kleiner Schritte,** wie bei einer Nachrichtensendung im Radio oder Fernsehen. So vermeiden Sie, unnötig abzuschweifen oder den Faden zu verlieren.

NOTICE Beachten Sie unbedingt, dass sogar eine interessierte Zuhörerschaft nur über eine sehr kurze Konzentrationsspanne verfügt. Fünf Minuten sind schon eine lange Zeit. Danach baut die Konzentration der Zuhörer steil ab. Daher ist es ratsam, Ihre wichtigsten Argumente und Punkte so früh wie möglich vorzutragen.

TIPPS **zum Inhalt:**

1 Erregen Sie die Aufmerksamkeit Ihrer Zuhörer zu Beginn mit einer provokativen Aussage, einer rhetorischen Frage (↗ S. 75) oder einer kurzen persönlichen Anekdote.

NOTICE Seien Sie vorsichtig mit dem Einsatz von **Witzen,** weil diese vor allem in einer Fremdsprache falsch oder gar nicht verstanden werden könnten. Ihr Referat würde dann mit einem peinlichen Moment der Stille anfangen.

2 Medien wie z. B. ein Foto, eine **Folie** *(transparency)* oder ein Gegenstand, der etwas mit dem Thema zu tun hat, lassen sich gut einsetzen, um Aufmerksamkeit zu wecken.

3 Viele Referate werden in der Schule in Form einer **Argumentation** gehalten. Sie stellen also einen durch Beweise gestützten Standpunkt dar.

Gliederung von Argumentationen (↗ S. 49): Referate über eher unstrittige Themen wie z. B. *the control of gene technology, the consequences of immigration* oder *racial equality* sind meist in drei Teile gegliedert:

Einleitung	Darstellung des Themas und der eigenen Meinung
Argumentation	Beweise, die Ihre Meinung und Gedanken unterstützen
Schlussfolgerung	Wiederholung der Meinung und knappe Zusammenfassung der wichtigsten Argumente

Wenn Sie über kontroverse Themen wie *euthanasia, the legalisation of drugs* oder the *reintroduction of the death penalty* sprechen, sollten Sie Ihr Referat in **vier Abschnitte** einteilen:

Einleitung	Lösungsvorschlag für das Problem, z. B. *Euthanasia ought to be legalised.* Erläutern Sie noch nicht Ihre Meinung.
Argumentation I	Argumente gegen den Vorschlag (Kontra)
Argumentation II	Argumente für den Vorschlag (Pro)
Schlussfolgerung	Ihre eigene Meinung mit einer kurzen Zusammenfassung Ihrer Gründe

TIPPS zum Formulieren:

1 Nutzen Sie kurze, präzise Sätze mit nicht mehr als neun oder zehn Wörtern.

2 Konzentrieren Sie sich auf das Thema. Machen Sie keine Gedankensprünge, schweifen Sie nicht ab und wiederholen Sie sich nicht.

3 Betonen Sie Ihre wichtigsten Argumente und Beweise.

Ein Referat halten

NOTICE Wie Sie Ihr Referat vortragen, spielt eine kaum zu überschätzende Rolle. Ein interessantes Thema kann den Zuhörern durch eine langweilige und eintönige Vortragsweise als ebenso langweilig und eintönig erscheinen. Ein weniger ansprechendes Thema kann von einer lebendigen, kurzweiligen Vortragsweise enorm profitieren.

Hier einige Tipps, die Ihnen helfen werden, ein interessantes Referat zu halten:

TIPP 1 **Lesen Sie Ihr Referat nicht vor** und versuchen Sie bloß nicht, es auswendig zu lernen! Lesen Sie es besser einige Male entspannt durch, sodass Sie den Inhalt und die Struktur gut im Kopf haben. Schreiben Sie dann Ihre **Stichpunkte** *(notes)*, also **Schlüsselwörter** *(key words)*, groß und gut lesbar auf Karteikarten, die Sie während des Vortragens als Orientierungshilfe im Notfall benutzen können. Sie können sich diese Strategie täglich von Talkshow-Moderatoren abgucken.

TIPP 2 **Schauen Sie Ihre Zuhörer an,** fixieren Sie jedoch nicht dauernd eine Person. Gute Redner bzw. Rednerinnen lassen ihre Augen durch den Raum wandern, während sie sprechen.

TIPP 3 **Stehen Sie nicht steif** wie eine Salzsäule, aber laufen Sie auch nicht hektisch umher. Seien Sie entspannt und selbstbewusst – stellen Sie sich vor, Sie sprächen zu einem Freund oder einer Freundin.

TIPP 4 **Betonen** Sie wichtige Punkte, indem Sie mal lauter und mal langsamer sprechen. Sie sollten allerdings nicht schreien. Stellen Sie sich wieder vor, Sie sprächen zu einem Freund oder einer Freundin.

TIPP 5 Unterstützen Sie wichtige Aspekte mit **Gesten,** aber werden Sie nicht zum Schauspieler. Vermeiden Sie übrigens den erhobenen Zeigefinger.

10.2 Die Durchführung von Projekten

Doing projects

Ein Projekt ist eine umfassende Aufgabe, die in Einzel- oder Gruppenarbeit, oft ohne direkte Hilfe des Lehrers (obwohl er natürlich Tipps gibt und die Arbeit betreut) innerhalb und außerhalb des Klassenraums erarbeitet wird.
Die Erstellung einer Projektmappe ist in **drei Abschnitte** *(three stages)* eingeteilt, die Sie systematisch durcharbeiten sollten:

1 Planung des Projekts
2 Informationen sammeln
3 Informationen ordnen

NOTICE **Projektarbeit** macht einen wichtigen Bestandteil der Lehrpläne vieler Länder aus.

1 Planung

Es ist erstaunlich, wie viele Projekte nur mit einem provisorischen Arbeitstitel begonnen werden. Dabei kann eine Stunde Planungsarbeit später mehrere Stunden „Reparaturarbeit" einsparen. Sorgfältige Planung macht eine Beschreibung der Projektarbeit außerdem interessanter und schlüssiger.
Achten Sie zunächst darauf, dass Ihr Thema nicht zu umfangreich ist. Suchen Sie sich ein klar abgegrenztes Problem, das Sie ohne Schwierigkeiten in Ihrer Umgebung erforschen können. Hier einige Beispiele:

Ungünstige Themen	Geeignete Themen
Protecting the environment	*Environmental protection in the home*
European transport systems	*Getting around in my home town*
Employment in a global economy	*Local job opportunities for the young*
Tourism and the world's ecosystems	*Nature reserves in our region*

Wenn Sie ein Thema gefunden haben, teilen Sie es in logisch geordnete Teilbereiche ein. Nehmen wir *Environmental protection in the home* als Beispiel. Machen Sie zunächst ein *mind map* über alles, was mit dem Thema zu tun haben könnte. **Ordnen Sie** dieses Material in einer übersichtlichen Form, z. B. so:

WASTE:

waste avoidance (Abfallvermeidung)
recycling
disposing of toxic substances

CONTROLLING ENERGY CONSUMPTION:

insulation against heat loss (Isolierung gegen Wärmeverlust)
temperature regulation
stand-by switches
unnecessary electric gadgets
unnecessary use of cars, motorbikes

TOXIC SUBSTANCES:

building materials
cleaning agents
pest control (Schädlingsbekämpfung)
weed control (Unkrautbekämpfung)

Wenn Sie eine anschauliche und zweckmäßige Liste der Themen und Unterthemen zusammengestellt haben, gehen Sie zum nächsten Schritt über. Vergessen Sie nicht, dass die Projektplanung zu diesem Zeitpunkt noch nicht endgültig besiegelt ist. Sie kann ohne Weiteres auf die Informationen abgestimmt werden, die Sie sammeln.

2 Informationen sammeln

Wenn Sie Informationen sammeln, sollten Sie möglichst englischsprachige Quellen nutzen (Internet). Sie werden jedoch nicht umhinkommen, auch deutsche Quellen einzusetzen.

NOTICE Versuchen Sie aber nicht, diese deutschsprachigen **Informationen ins Englische zu übersetzen.** Es ist viel praktischer, zum deutschen Material kurze englische Notizen zu machen, die dann für Ihren eigenen zusammenhängenden englischen Text genutzt werden können.

Je nach Thema können Sie Informationen von den folgenden **Quellen** beziehen:

- Ihre Familie, Freunde und Nachbarn; Mitschüler/-innen; andere Fachlehrer und -lehrerinnen
- Enzyklopädien, Jahrbücher, Lexika (in der Schulbücherei und der städtischen Bibliothek)
- Presse, vor allem wöchentliche Nachrichtenmagazine und spezielle Zeitschriften
- Fernsehen, besonders die dritten Programme der ARD und die englischsprachigen Sender CNN, NBC und BBC World
- Radio, z. B. Voice of America, BBC World Service, Deutschlandfunk
- Internet

Von den folgenden Quellen können Sie oft kostenfreie Informationen sowie ausgezeichnetes Anschauungsmaterial erhalten:

- Bundeszentrale für politische Bildung
- Örtliche Banken, Firmen und Betriebe, die im Bereich Ihres Themas tätig sind
- Örtliche gemeinnützige Organisationen, Aktionsgruppen, z. B. Greenpeace
- Informationsdienste der Bundesministerien, Industrie und Handelskammer
- Organisationen wie The British Council, Amerika Haus und das Deutsch-Amerikanische Institut. Aktuelle Adressen usw. sind leicht im Internet zu finden.

3 Informationen ordnen

Hier sind einige hilfreiche Tipps zum Ordnen von Informationen. Sie mögen sich zum Teil selbstverständlich anhören, aber sie werden oft einfach ignoriert.

- Führen Sie eine **übersichtliche Projektmappe** mit **Registerblättern** zwischen jedem Abschnitt und Unterpunkt.
- Erstellen Sie immer ein **aktuelles** Material- und Inhaltsverzeichnis.
- Notieren Sie unbedingt die Quelle einer Information, sobald Sie diese finden.

Beispiel für ein Quellenverzeichnis:

Bücher
from: Button, J. How to be Green, Guild Publishing, London, 1990, pp 23–28
from: An Outline of American History, United States Information Agency, 1994, p 67

Zeitungen und Zeitschriften
from: The Economist, London, 21.08.10, p 12/13
from: Washington Post, Washington, 30.06.09, front page

Informationsbroschüren usw.
from: Voelker innovations (sales brochure), Völker GmbH, Witten, 11.03.08
from: Save the Whale (mailing), Greenpeace International, London, 04.08.07

Das Internet
from: www.usatoday.com, news archives, 14.10.09

Mündliche Informationen
anecdotal, Dresden, 23.11.10

Zu guter Letzt noch vier heiße **Tipps:**

TIPP 1 Sammeln Sie nicht haufenweise Material, das „später" sortiert werden soll. **Ordnen Sie das Material sofort ein,** wenn Sie es finden.

TIPP 2 Machen Sie einen **eigenen Absatz** für jeden Punkt, den Sie sich notieren, und seien Sie großzügig mit freien Zeilen zwischen den Absätzen.

TIPP 3 **Untertitel und Absatzüberschriften** helfen Ihnen, Ihr Material logisch zu ordnen und später eine überzeugende Präsentation des Projekts zu geben.

TIPP 4 Sammeln Sie **Illustrationen und Grafiken,** um Texte zu ergänzen. Anschauliche Medien machen Ihre Präsentation viel interessanter und verständlicher. Setzen Sie **Farben** ein, so oft Sie können.

10.3 Das Schreiben von Klausuren

Doing exams

Viele Klausuren werden nicht so gut geschrieben, wie es eigentlich möglich wäre, weil die Fragen nicht systematisch genug beantwortet werden.

Die folgenden **Tipps** sollen Ihnen helfen, mit Klausuren besser umzugehen und wirklich das Beste daraus zu machen.

Wichtige allgemeine Regeln

1 **Fangen Sie nicht** zu schreiben **an,** bevor Sie bereit sind.

2 Gehen Sie **systematisch** vor.

3 **Fragen Sie nach,** wenn Sie eine Frage nicht verstehen.

4 **Machen Sie sich keine Sorgen,** bloß weil andere schon angefangen haben zu schreiben oder die Klausur abgegeben haben.

5 **Verärgern Sie den/die Prüfer/-in nicht unnötig.** Ungünstig ist:
- unlesbare Schrift
- undeutliche Durchstreichungen und die Korrektur von Buchstaben durch Überschreiben

- keinen Korrekturrand freizulassen (mind. 1/3 Seitenbreite!)
- die Wörter falsch oder überhaupt nicht zu zählen
- überflüssig lange Zitate aus dem Text
- Wiederholungen, nur um die Wortzahl zu erhöhen
- zwei Fragen in einer Antwort zu behandeln
- das unnötige Abschreiben von Textpassagen, ohne dass Sie zumindest den Versuch machen, Ihre eigene Sprache zu benutzen
- keinen Zwischenraum zwischen zwei Antworten (mindestens zwei Zeilen) frei zu lassen
- eine neue Antwort ganz am Ende einer Seite anzufangen, anstatt die nächste Seite zu benutzen
- die Antworten falsch oder gar nicht zu nummerieren

6 **Versuchen Sie nicht zu mogeln** und unterstützen Sie andere nicht dabei.

7 **Vergessen Sie nicht:** Der Prüfer bzw. die Prüferin will Ihr Englisch auf die Probe stellen, nicht Ihre Nerven.

Neun Schritte, die zum Erfolg führen

SCHRITT 1 Lesen Sie den gesamten Text (der Titel gehört auch dazu) einmal durch, um den wesentlichen Sinn zu erkennen. Es ist nicht schlimm, wenn Sie nicht jedes Wort verstehen. Schlagen Sie also noch keine unbekannten Wörter nach.

SCHRITT 2 Lesen Sie den Text ein zweites Mal und achten Sie nunmehr auf Details. Unterstreichen oder markieren Sie Wörter, die Sie nicht verstehen. Schlagen Sie trotzdem noch keine Wörter im Wörterbuch nach.

SCHRITT 3 Suchen Sie aus den Wörtern, die Sie markiert oder unterstrichen haben, die **sinntragenden Wörter** heraus. Das sind Nomen und Verben, die manchmal durch Adjektive bzw. Adverbien ergänzt werden. Ignorieren Sie zunächst die restlichen unbekannten Wörter – diese müssen Sie nicht verstehen, um den Sinn eines Satzes erfassen zu können.

SCHRITT 4 Finden Sie die Bedeutung der wichtigen unbekannten Wörter heraus. Um keine Zeit mit nervösem Herumblättern in Wörterbüchern zu verschenken, gilt weiter die Devise: „Benutzen Sie nicht Ihr Wörterbuch, benutzen Sie Ihren Kopf." Versuchen Sie es zunächst so:

- Übersetzungen für einige unbekannte Wörter können in **Fußnoten** oder **Anmerkungen** *(annotations)* am Ende des Textes versteckt sein. Dies gilt vor allem für Wörter, die so selten vorkommen, dass der/die Prüfer/-in meint, niemand werde sie verstehen.
- Überlegen Sie, ob ein ähnliches Wort in Ihrer Muttersprache oder einer anderen Fremdsprache vorkommt. (Hüten Sie sich jedoch vor „falschen Freunden", ↗ S. 6 f.)
- Vielleicht können Sie die ungefähre Bedeutung aus dem Sinnzusammenhang erschließen. (Raten allein reicht meist nicht.)

Nachdem Sie diese Möglichkeiten genutzt haben, werden Sie erstaunt sein, wie wenige Wörter Sie nachschlagen müssen.

SCHRITT 5 Lesen Sie jetzt **alle** Fragen durch und überlegen Sie bei jeder Frage,

- was der Prüfer wissen will und
- welchen Teil des Textes Sie für die Beantwortung benutzen müssen.
- Wenn möglich, markieren Sie in der **Aufgabenstellung**, worauf Sie besonders achten müssen. Markieren Sie im Text mit einem Textmarker oder indem Sie unterstreichen.

SCHRITT 6 Beantworten Sie jetzt eine Frage nach der anderen. Schreiben Sie einen Entwurf. Beantworten Sie jede Frage lückenlos, aber wiederholen Sie sich nicht und setzen Sie kein überflüssiges Material ein. Vergleichen Sie Ihre Antwort immer wieder mit der Aufgabenstellung.

SCHRITT 7 Kontrollieren Sie Ihren Entwurf auf sprachliche Fehler, z. B. im Hinblick auf folgende Probleme:

- Rechtschreibung, vor allem bei Wörtern aus dem Text oder der Aufgabenstellung
- Zeiten (denken Sie daran, dass Sie das *simple present* benutzen, wenn Sie Texte wiedergeben und interpretieren)
- Wortstellung, besonders bei Adverbien der Häufigkeit und des Grades
- Kombination von Zeiten in *if*-Sätzen
- Nomen, die im Deutschen zählbar sind, nicht aber im Englischen
- Verben, denen ein Infinitiv oder Gerundium folgt
- Die unzulässige Anwendung des bestimmten Artikels

SCHRITT 8 Ihre Antworten sind nun fast geschafft, aber es kann sein, dass ihr Text dem Wortlaut des Originaltextes in Teilen noch zu sehr ähnelt. Setzen Sie, wenn möglich, Synonyme ein – hier ist das Wörterbuch eine große Hilfe.

SCHRITT 9 Wenn Sie mit Ihrem Entwurf zufrieden sind und die Zeit reicht, machen Sie eine Reinschrift. Konzentrieren Sie sich, damit Sie beim Übertragen keine Flüchtigkeitsfehler machen.

Extras

Internetrecherchen

Internetresearch

Sinnvoll angewandt ist das Internet eine nützliche Hilfe bei der eigenen Textproduktion. Es ist aber kein Allheilmittel. Was den Englischunterricht betrifft, verlangt auch das Internet gute Englischkenntnisse sowie die Fähigkeit, kritisch nach bestimmten Kriterien zu unterscheiden. Anders ausgedrückt ist die bloße Übernahme von ganzen Texten oder Textteilen aus dem Netz nicht nur leicht zu erkennen, sondern auch völlig unsinnig. In der Oberstufe geht es sich schließlich um die eigene Textproduktion. Daher sollten Sie das Internet also wie jedes andere Werkzeug benutzen, um Ihre Arbeit schneller und effektiver zu verrichten.
Hier einige Empfehlungen:

Wörterbücher

Das Internet stellt eine Vielzahl von Wörterbüchern kostenlos zur Verfügung. Die **Suchfunktion** ist natürlich äußerst benutzerfreundlich und einige Sites bieten auch Foren an, in denen Sie um Hilfe bitten können. Ein weiterer Vorteil solcher Wörterbücher ist, dass sie ständig überarbeitet und ergänzt werden.
Sehr empfehlenswert für den Schulgebrauch sind:

- ***www.dict.cc*** mit Forum und Audioaussprachehilfe
- ***http://dict.leo.org*** mit Forum und Audioaussprachehilfe
- ***www.woerterbuch.info*** besonders für Synonyme in beiden Sprachen
- ***www.phrasen.com*** für die englische Entsprechung von deutschen **Redewendungen** *(idioms)*

NOTICE Der ***Google-Übersetzer*** ist nur mit Vorsicht zu gebrauchen, da er den Kontext eines Wortes nicht berücksichtigt bzw. nicht berücksichtigen kann. Infolgedessen gibt es völlig unsinnige Übersetzungen, wie z. B. diese für *I'll send you a letter next week:* „Nächste Woche schicke ich dir einen Buchstaben" oder „Herr Vogel wohnt in Hamburg" wird mit *Mr. Bird lives in Hamburg* übersetzt.

Nützliche Internetadressen

Suchmaschinen

Noch vor ein paar Jahren hätte man an dieser Stelle mehrere beliebte Suchmaschinen nennen können, wie z. B. *www.excite.de*, *www.lycos.de* und *www.yahoo.de*. Obwohl diese Suchmaschinen noch immer existieren, können sie mit der weltführenden Google-Suchmaschine nicht mithalten.
Egal, wie man zu der Dominanz von Google steht: Diese Suchmaschine ist so weit verbreitet, dass der Name als transitives Verb – *(to) google sb/sth* – benutzt wird, wie z. B. *I googled "holidays in Scotland" and got over eight million hits.*
Für den Schulgebrauch gibt es also nur eine Suchmaschine und sie heißt ***www.google.de*** bzw. ***www.google.com***.

Medienarchive

Die meisten Sachtexte, die Sie in der Schule lesen, kommen aus der englischsprachigen Presse. Deswegen stellen Zeitungsarchive eine wichtige Quelle für Informationen zu beinah allen Themen dar. Das Gleiche gilt für die großen Rundfunkanstalten CNN und vor allem BBC.

NOTICE Lesen Sie auf jeden Fall die Angaben zu möglichen Kosten bei der Benutzung von Archiven. Einige Zeitungen und Zeitschriften erlauben den gebührenfreien Zugriff auf Artikel der aktuellen Ausgabe und auch im Archiv. Andere bieten freien Zugang und Downloads für einen beschränkten Zeitraum und stellen danach die dauerhafte Nutzung in Rechnung. Andere wiederum erlauben kostenlose Zugriffe auf Beiträge der aktuellen Ausgabe, berechnen aber die Nutzung des Archivs.

Allgemeine Informationsquellen

■ ***www.wikipedia.org*** (englisch) bzw. ***www.wikipedia.de*** (deutsch): Hauptportal der beliebten kostenlosen Online-Enzyklopädie in mehreren Sprachversionen. Ein sehr nützliches Hilfsmittel, aber redaktionelle Einschränkungen bzw. Warnungen sind unbedingt zu beachten. Zudem sind die Einträge nicht immer objektiv. Texte in der englischen Fassung können sprachlich recht anspruchsvoll sein, aber oft gibt es auch eine passende deutschsprachige Parallelfassung.

■ ***www.about.com:*** Sehr nützliches Informationsportal der *New York Times.* Kann sprachlich ebenfalls recht anspruchsvoll sein, enthält aber sehr lesenswerte Texte.

■ ***www.howstuffworks.com:*** Ausgezeichnete Website. Nicht mehr nur Technik, sondern auch Soziales wird thematisiert!

Medien: Großbritannien

■ ***www.bbc.co.uk*** (Rundfunkanstalt): Großbritanniens meistgenutzte Website mit Nachrichten, Kommentaren und Hintergrundberichten zu einer Vielzahl von Themen. Sehr empfehlenswert. Sprachlich nicht zu schwierig. Suchen Sie im A–Z-Stichwortverzeichnis „BBC Knowledge", um das für Sie relevante Unterverzeichnis zu finden.

■ ***www.economist.com*** (wöchentliches Nachrichtenmagazin): Das populärste internationale Wochenmagazin. Alle wichtigen Berichte, Leitartikel usw. seit 1995 im Internet, leider jetzt kostenpflichtig. Sprachlich nicht sehr schwierig, da sich die Website an ein internationales Publikum richtet. Suchen Sie in „Library/Archive".

■ ***www.express.co.uk*** (moderate Boulevardzeitung): Auswahl von Berichten und Leitartikeln aus der *Daily Express* und der *Express on Sunday.* Politisch Mitte rechts, etwas populistisch. Recht einfache Sprache. Wichtige Informationen finden Sie unter „News", in der Rubrik „Express Archive".

■ ***www.guardian.co.uk*** (Tageszeitung): Alle wichtigen Berichte, Leitartikel und Blogs aus *The Guardian, The Guardian Weekly* und *Observer*. Politisch Mitte links, sehr kritisch. Sprachlich recht anspruchsvoll. Suchen Sie unter „Archive Search".

- ***www.independent.co.uk*** (Tageszeitung): Alle wichtigen Berichte, Leitartikel und Blogs aus *The Independent* und *The Independent on Sunday*, die Artikel sind leider erst ab Herbst 1999 verfügbar. Politisch Mitte links. Sprachlich recht anspruchsvoll. Artikelsuche unter „Search".
- ***www.dailymail.co.uk*** (moderate Boulevardzeitung): Auswahl von Berichten und Leitartikeln aus *Daily Mail* und *Mail on Sunday*. Politisch Mitte rechts, populistisch. Recht einfache Sprache. Artikelsuche unter „Search".
- ***www.telegraph.co.uk*** (Tageszeitung): Alle wichtigen Berichte, Leitartikel und Blogs aus *Daily Telegraph* und *Sunday Telegraph*. Politisch Mitte rechts. Sprachlich ziemlich anspruchsvoll. Artikelsuche unter „Search".
- ***www.timesonline.co.uk*** (Tageszeitung): Alle wichtigen Berichte, Leitartikel und Blogs aus *The Times* und *The Sunday Times* seit 1997, leider jetzt kostenpflichtig. Tendenziell regierungsfreundlich. Sprachlich recht gut verständlich. Artikelsuche unter „Search".

Medien: USA

- ***www.cnn.com*** (internationaler Nachrichtensender): Topaktuell, aber leider nicht besonders benutzerfreundlich, da recht unübersichtlich. Einrichtung einer persönlichen, individuell zugeschnittenen Newshomepage möglich. Sprachlich recht gut verständlich. Suche unter „Search".
- ***www.msnbc.msn.com*** oder ***www.newsweek.com*** (wöchentliches Nachrichtenmagazin): Populärstes Nachrichtenmagazin in den USA. Sehr großes Informationsangebot, sehr empfehlenswert. Sprachlich teilweise sehr anspruchsvoll, aber der Mühe wert. Suche unter „Archive" oder „Special Issues".
- ***www.time.com*** (wöchentliches Nachrichtenmagazin): Durch Anbindung an TimeWarner und CNN sehr großes Informationsangebot, sehr empfehlenswert. Sprachlich eher anspruchs-

voll. Suchen Sie unter „Magazine Archives“ oder „Newsfiles“.

- ***www.iht.com*** *(International Herald Tribune,* Tageszeitung); ***www.thenewyorktimes.com*** (Tageszeitung); ***www.washingtonpost.com*** (Tageszeitung): Einflussreichste Tageszeitungen in den USA. Hoher Informationsgehalt, sehr empfehlenswert. Sprachlich teilweise sehr anspruchsvoll und schwierig, aber auf jeden Fall der Mühe wert. Suchen Sie unter „Archive“.
- ***www.usatoday.com*** (Tageszeitung): Zeitung für im Ausland lebende Amerikaner. Mittleres Bildungsniveau. Manchmal etwas provinziell. Sprachlich recht einfach. Suchen Sie unter „Archive“.

Regierungen

Der Informationsservice von Regierungen ist die am weitesten verbreitete Quelle für Zahlen und Statistiken zu einzelnen Ländern sowie zu den offiziellen Positionen eines Landes zu allen politischen Themen. Hier findet man die wichtigsten grundlegenden Informationen.

Websites von Regierungen der englischsprachigen Länder:

- Australien: ***www.nla.gov.au/oz/gov/***
- Großbritannien: ***www.open.gov.uk***
- Irland: ***www.irlgov.ie***
- Kanada: ***http://canada.gc.ca***
- Neuseeland: ***http://newzealand.govt.nz***
- Südafrika: ***www.southafrica.info***
- USA: ***www.america.gov***

NOTICE ***www.cia.gov*** Informationen zu jedem Land der Erde finden Sie auf dieser öffentlichen Website des amerikanischen Geheimdienstes Central Intelligence Agency (CIA). Beachten Sie dabei jedoch, dass die Angaben hier unter zwei politischen Gesichtspunkten zusammengestellt werden:

1. Wie die US-Politik die Welt sieht.
2. Wie die US-Politik möchte, dass andere die Welt sehen.

Internationale Organisationen

- *www.un.org* Die United Nations (UN) sind ein freiwilliger Zusammenschluss von 192 Staaten. Die wichtigsten Aufgaben der Organisation sind die Sicherung des Weltfriedens, die Einhaltung des Völkerrechts, der Schutz der Menschenrechte und die Förderung der internationalen Zusammenarbeit. Eine sehr gute Quelle, die ein Muss auf diesem Gebiet ist.
- *http://europa.eu/index_en.htm* Das englischsprachige Portal der EU mit einem sehr übersichtlichen und benutzerfreundlichen Aufbau. Geht es um Europa, ist diese Seite ein Muss.

Nichtregierungsorganisationen

Eine Nichtregierungsorganisation *(non-governmental organisation – NGO)* ist eine unabhängige Organisation, die sich im politischen Bereich betätigt. Hierzu gehören sowohl Wohltätigkeitsvereine, z. B. Oxfam oder Save the Children, als auch politische Interessenvertretungen, z. B. Greenpeace oder Amnesty International.

Die folgenden NGO-Websites sind eine reichhaltige Quelle für Informationen und Meinungen. Beachten Sie dabei jedoch, dass Sie hier immer nur eine Seite der Medaille sehen werden, da es sich um Meinungen und Interessen handelt.

- *www.amnesty.org* Amnesty International (AI) ist eine Non-Profit-Organisation, die sich weltweit für Menschenrechte einsetzt. Grundlage ihrer Arbeit sind die *Allgemeine Erklärung der Menschenrechte* und andere Menschenrechtsabkommen. Die Organisation recherchiert Menschenrechtsverletzungen, betreibt Öffentlichkeits- und Lobbyarbeit und organisiert u. a. Brief- und Unterschriftenaktionen in Fällen von Folter oder drohender Todesstrafe. Weltweit führende Website auf diesem Gebiet.
- *www.transparency.org* Transparency International, kurz TI, ist eine weltweit agierende gemeinnützige Organisation, die sich in der nationalen und internationalen volks- und betriebswirtschaftlichen Korruptionsbekämpfung engagiert. Mit Sitz in Ber-

lin veröffentlicht die Organisation jährlich ihren mit Spannung erwarteten *Global Corruption Report (GCR)* und ihren *Corruption Perceptions Index (CPI)*. Eine ausgezeichnete Quelle.

- ***www.oneworld.net*** Gemeinsame Website von über 20 weltweiten Wohltätigkeitsverbänden. Die Nummer eins bei Informationen über Menschenrechte.
- ***www.envirolink.org*** Website der Online Environmental Community. Klicken Sie auf „Education".
- ***www.foe.org*** Sehr informative Website von Friends of the Earth (FoE) mit sehr vielen Links. Moderater und wissenschaftlicher als Greenpeace.
- ***www.greenpeace.org*** Sehr gute Website mit vielen Links. Ein Muss.
- ***www.indymedia.org*** Internationales, unabhängiges Medienetzwerk: „a collective of independent media organizations and hundreds of journalists". Nachrichten, Archiv, viele Links. Klicken Sie auf „English".
- ***www.panda.org*** Website des Worldwide Fund for Nature (WWF). Ebenfalls ein Muss, wenn Sie sich für diese Themen interessieren.

NOTICE Informationen im Internet müssen nicht stimmen. Klären Sie immer für sich, 1. wer die Angaben ins Netz stellt und 2. aus welchem Grund er das tut.

Referate und Hausaufgaben

Im Internet gibt es eine Reihe von Websites mit Tipps und Anregungen zu Referaten. Man kann hier sogar ganze Referate herunterladen oder seine eigenen Referate im Web bereitstellen. Sollten Sie aber erwägen, fertige Referate aus dem Internet als Ihre eigenen auszugeben, sind Sie auf der falschen Fährte. Einerseits ist dies moralisch verwerflich und verboten, andererseits sind den meisten Lehrern die entsprechenden Websites bestens bekannt. Als Anregung und Informationsquelle sind diese Websites aber allemal hilfreich.

Die meisten Referate werden als PDF-Format oder im HTML-

Format bereitgestellt, manchmal auch als ZIP-Dateien.

Hier eine Liste der beliebtesten Websites:
www.referate.de
www.fundus.org
www.e-hausaufgaben.de oder *www.hausarbeiten.de*

Themenbedingte Sprachhilfen

Topic vocabulary

The United Kingdom (UK)

British values and attitudes to life

– Whether there are specifically “British values” or not is a matter of dispute.
→ *Ob es spezifische britische Werte gibt oder nicht, das ist eine Streitfrage.*

– Many people do not think of themselves as “British” at all. They prefer to call themselves English, Irish, Scottish or Welsh.
→ *Viele Leute betrachten sich überhaupt nicht als „britisch“. Sie nennen sich lieber „englisch“, „irisch“, „schottisch“ oder „walisisch“.*

– Some people think that a common idea of “Britishness” is a thing of the past.
→ *Einige Leute meinen, dass eine allgemeine Vorstellung von der „britischen Wesensart“ der Vergangenheit angehört.*

– One problem is that such “values” do not apply only to the British. They apply equally well to a majority of Europeans and Americans.
→ *Ein Problem ist, dass solche Werte nicht nur für die Briten gelten. Sie gelten gleichermaßen für eine Mehrheit der Europäer und US-Amerikaner.*

– The British are said to show fairness in competitive situations.
→ *Man sagt den Briten nach, dass sie in Konkurrenzsituationen Fairness zeigen.*

– It is claimed that the British have a caring attitude to others.
→ *Es wird behauptet, dass die Briten eine fürsorgliche Einstellung anderen gegenüber haben.*

– The British show tolerance for the customs and beliefs of other cultures and religions.
→ *Die Briten zeigen Toleranz gegenüber den Bräuchen und dem Glauben anderer Kulturen und Religionen.*

– Many British people dislike extremism and dogmatic ideas.
→ *Viele Briten haben eine Abneigung gegen Extremismus und dogmatische Ideen.*

– They are pragmatic and use "common sense" to solve problems.
→ *Sie sind pragmatisch und benutzen ihren „gesunden Menschenverstand", um Probleme zu lösen.*

– Before the digital age, the British placed a high value on their privacy.
→ *Vor dem digitalen Zeitalter legten die Briten viel Wert auf ihre Privatsphäre.*

– A sense of humour is often said to be an important British charateristic.
→ *Es wird oft gesagt, dass Sinn für Humor eine wichtige britische Eigenschaft sei.*

The British press

– The British have a large number of national newspapers.
→ *Die Briten haben eine große Anzahl nationaler Zeitungen.*

– These papers are published six days a week with a special edition on Sundays.
→ *Diese Blätter erscheinen an sechs Tagen der Woche und in einer Sonderausgabe an Sonntagen.*

– There are three categories: the quality press, the mid-market press and the popular press.
→*Es gibt drei Kategorien: die Qualitätspresse, die mittlere Presse und die Boulevardpresse.*

– British papers are printed in broadsheet or tabloid formats.
→*Britische Zeitungen werden in Großformat oder Tabloidformat gedruckt.*

– Quality papers with a tabloid format prefer to refer to this as "compact format".
→*Seriöse Zeitungen in Tabloidformat nennen dieses lieber „Kompaktformat".*

– Compact quality papers do not want to be confused with tabloid popular ones.
→*Seriöse Zeitungen in Kompaktformat möchten nicht mit Boulevardzeitungen in Tabloidformat verwechselt werden.*

– Examples of the quality press are *The Times, The Daily Telegraph* and *The Guardian.*
→*Beispiele für die Qualitätspresse sind* The Times, The Daily Telegraph *und* The Guardian.

– The national mid-market press is dominated by the *Daily Mail* and the *Daily Express.*
→*Die nationale mittlere Presse wird von der* Daily Mail *und dem* Daily Express *beherrscht.*

– The most widely read popular papers are *The Sun* and *The Daily Mirror.*
→*Die meistgelesenen Boulevardzeitungen sind die* Sun *und der* Daily Mirror.

– The quality press offer detailed news of home and foreign political affairs as well as extensive coverage of financial news, cultural events and sport.
→*Die Qualitätspresse bietet detaillierte Nachrichten über natio-*

nale und internationale Politik sowie eine ausführliche Berichterstattung über Wirtschaftsnachrichten, kulturelle Ereignisse und Sport.

– The leaders in the quality press are very influential opinion-formers in political affairs.
→ *Die Leitartikel der Qualitätspresse wirken sich sehr stark auf die politische Meinungsbildung aus.*

– The popular press has large headlines and a high proportion of photos to text.
→ *Die Boulevardpresse zeichnet sich durch große Schlagzeilen und durch einen hohen Anteil an Fotos im Verhältnis zum Text aus.*

– Popular newspapers focus on the people behind the news and often publish sensational and titillating stories about "celebrities".
→ *Boulevardzeitungen konzentrieren sich auf die Personen hinter den Nachrichten und veröffentlichen oft sensationsgierige und schlüpfrige Geschichten über „Prominente".*

– The language of the quality papers tends to be formal while that of popular ones is highly colloquial.
→ *Die Sprache von Qualitätszeitungen tendiert dazu, förmlich zu sein, während die der Boulevardpresse sehr umgangssprachlich ist.*

The British political system and monarchy
– The UK has three branches of state: the legislative, the executive and the judiciary.
→ *Großbritannien hat eine dreigliedrige Gewaltenteilung: die Legislative, die Exekutive und die Judikative.*

– The legislative (parliament) makes the law, the executive (the government and the civil service) administers the law and the judiciary (the law courts) enforces the law.
→ *Die Legislative (das Parlament) macht die Gesetze, die Exekutive (die Regierung und der öffentliche Dienst) verwaltet die Gesetze und die Judikative (das Gerichtswesen) vollstreckt die Gesetze.*

– The head of state is the monarch, but real power belongs solely to parliament.
→ *Das Staatsoberhaupt ist der/die Monarch/-in, aber die tatsächliche Macht gehört einzig und allein dem Parlament.*

– Parliament is made up of two chambers, the House of Commons and the House of Lords.
→ *Das Parlament besteht aus zwei Kammern, dem Unterhaus (House of Commons) und dem Oberhaus (House of Lords).*

– The UK is divided into constituencies, each of which chooses one person to become its member of parliament.
→ *Großbritannien ist in Wahlkreise unterteilt, von denen jeder eine Person zu seinem Parlamentsabgeordneten wählt.*

– A simple majority of the votes is sufficient in a "first past the post" (FPP) system.
→ *Eine einfache Mehrheit der Stimmen ist in einem Mehrheitswahlsystem ausreichend.*

– At present the House of Lords is made up of aristocrats, Anglican bishops and people appointed by the prime minister (life peers).
→ *Zurzeit besteht das Oberhaus aus Adligen, aus anglikanischen Bischöfen und aus Personen, die der Premierminister berufen hat (Adlige auf Lebenszeit).*

– The House of Lords has no power either to introduce laws or to veto or change them.
→ *Das Oberhaus ist nicht befugt, Gesetze einzuführen, mit einem Veto abzulehnen oder abzuändern.*

– The government is chosen from members of parliament, who are then responsible to the other members.
→ *Die Regierung wird aus Parlamentsabgeordneten gewählt, die dann den anderen Abgeordneten gegenüber verantwortlich sind.*

– Ministries are the political responsibility of a minister appointed by the prime minister.
→ *Ministerien unterstehen den Ministern, die vom Premierminister berufen werden.*

– The UK Supreme Court is the highest court of appeal.
→ *Das oberste Gericht Großbritanniens ist das höchste Berufungsgericht.*

– Unlike in the USA, the British Supreme Court cannot rule on the constitutional legality of laws passed by the House of Commons.
→ *Anders als in den USA ist das britische oberste Gericht nicht befugt, über die Verfassungsmäßigkeit von Gesetzen, die vom Unterhaus eingebracht wurden, zu entscheiden.*

– The Britain system of government is often criticised because of its "democratic deficits".
→ *Das britische Regierungssystem wird häufig wegen seiner „demokratischen Defizite" kritisiert.*

– The most important deficits are the "first past the post" electoral system and the lack of a written constitution.
→ *Die wichtigsten Defizite sind das Mehrheitswahlsystem und das Fehlen einer geschriebenen Verfassung.*

– The "first past the post" system means that the wishes of most voters are simply ignored.
→ *Das Mehrheitswahlsystem bedeutet, dass die Wünsche der meisten Wähler/-innen einfach ignoriert werden.*

– The lack of a written constitution means that the House of Commons has absolute power and is in fact an "elected dictatorship".
→ *Das Fehlen einer geschriebenen Verfassung bedeutet, dass das Unterhaus die absolute Macht hat und daher faktisch eine „gewählte Diktatur" ist.*

– The monarchy is supported by a large majority of the British people.
→*Die Monarchie wird von einer großen Mehrheit des britischen Volkes befürwortet.*

– The big advantage of constitutional monarchs is that they are not dependent on a political party.
→*Der große Vorteil von konstitutionellen Monarchen ist, dass sie unabhängig von politischen Parteien sind.*

– The monarch can give impartial, non-political advice to the prime minister.
→*Der Monarch kann dem Premierminister neutrale, unparteiische Ratschläge geben.*

Immigration from the Indian subcontinent

– Immigrants from India and Pakistan call themselves British Indians or British Muslims.
→*Immigranten aus Indien und Pakistan nennen sich British Indians oder British Muslims.*

– At present (2010), there are about 1.6 million British Indians and 1.2 million British Muslims in the UK.
→*Zurzeit (2010) gibt es ungefähr 1,6 Millionen British Indians und 1,2 Millionen British Muslims.*

– British Indians have integrated well into British life.
→*British Indians haben sich in den britischen Alltag gut integriert.*

– One reason is that British Indians speak English, also at home.
→*Ein Grund dafür ist, dass British Indians Englisch sprechen, auch zu Hause.*

– Another reason is that Hinduism, the religion of most British Indians, is "pluralist".
→*Ein weiterer Grund ist, dass der Hinduismus, die Religion der meisten British Indians, „pluralistisch“ ist.*

– This means that British Indians have no difficulty in accepting other cultures.
→ *Dies bedeutet, dass British Indians keine Probleme damit haben, andere Kulturen zu akzeptieren.*

– British Indian women enjoy a social and economic status comparable to that of Europeans.
→ *Die weiblichen British Indians genießen eine soziale und ökonomische Stellung, die vergleichbar mit der der Europäer ist.*

– The British have also accepted many features of Indian life, particularly Indian food and fashions.
→ *Die Briten haben auch viele Besonderheiten des indischen Lebens akzeptiert, besonders das indische Essen und die Mode.*

– British Muslims do not integrate as well as British Indians and other minorities.
→ *British Muslims integrieren sich nicht so leicht wie British Indians und andere Minoritäten.*

– This isolation from the rest of British society has become worse since the 1980s, when a growing number of young Muslim males began to adopt fundamentalist religious ideas.
→ *Diese Isolation von der übrigen britischen Gesellschaft ist seit den 80er-Jahren schlimmer geworden. Damals begann eine wachsende Anzahl von jungen muslimischen Männern, fundamentalistische religiöse Ideen zu übernehmen.*

– Many British Muslim families do not speak English at home.
→ *Viele Familien der British Muslims sprechen zu Hause kein Englisch.*

– Religious tabus, for example against socialising with non-Muslims, have reinforced this sense of isolation.
→ *Religiöse Tabus, z. B. gegen soziale Kontakte zu Nicht-Muslimen, haben dieses Gefühl der Isolation verstärkt.*

– Because of this social segregation, unemployment is proportionately higher among young Muslims than in the rest of the population.
→ *Wegen dieser sozialen Segregation ist die Arbeitslosigkeit unter jungen Muslimen anteilsmäßig höher als im Rest der Bevölkerung.*

– Fundamentalists blame unemployment and low self-esteem among young Muslims on racial and religious discrimination.
→ *Die Fundamentalisten machen Rassen- und Glaubensdiskriminierung für die Arbeitslosigkeit und das niedrige Selbstwertgefühl junger Muslime verantwortlich.*

– Among Muslim women, the wearing of a headscarf or the hijab at work is a big handicap that makes them virtually "unemployable" in many occupations.
→ *Muslimische Frauen werden stark benachteiligt, wenn sie bei der Arbeit ein Kopftuch oder einen Hidschab tragen, weshalb sie viele Berufe nicht ausüben können.*

– A further important factor is that the British Terrorism Act of 2000 banned 21 organisations because of terrorist activity. Almost all the banned organisations are Islamic, which has further alienated British Muslims.
→ *Noch ein wichtiger Faktor ist, dass der British Terrorism Act von 2000 wegen terroristischer Aktivitäten 21 Organisationen verboten hat. Fast alle diese verbotenen Organisationen sind islamisch, eine Tatsache, die zu einer noch stärkeren Entfremdung der British Muslims geführt hat.*

Northern Ireland

– The Troubles refers to a period of about 30 years between the late 1960s and the late 1990s.
→ *Die Troubles (Unruhen) beziehen sich auf einen Zeitraum von ungefähr 30 Jahren zwischen den späten 1960er- und den späten 1990er-Jahren.*

– The Republican (mainly catholic) minority in Northern Ireland fought against the governing Unionist (mainly protestant) majority in what became virtually a civil war.
→ *Die republikanische (hauptsächlich katholische) Minderheit in Nordirland kämpfte gegen die regierende unionistische (vor allem protestantische) Mehrheit, was nahezu in einem Bürgerkrieg endete.*

– The conflict was caused by discrimination against the catholic minority in housing, schools and jobs.
→ *Der Konflikt wurde verursacht durch Diskriminierung der katholischen Minderheit im Wohnungswesen, in den Schulen und am Arbeitsplatz.*

– More radical Republicans wanted to leave the UK and reunite with the Republic of Ireland.
→ *Radikalere Republikaner wollten Großbritannien verlassen und sich mit der Republik Irland vereinen.*

– Although there were several splinter groups, the main forces in the "war" were the Irish Republican Army (IRA) on the Republican side and the Ulster Volunteer Force (UVF) on the Unionist.
→ *Obwohl es mehrere Splittergruppen gab, waren die wichtigsten Streitkräfte in dem „Krieg" die Irisch-Republikanische Armee (IRA) auf der republikanischen und der Ulster Freiwilligenverband (UVF) auf der unionistischen Seite.*

– The security forces, i.e. the British Army and the police (Royal Ulster Constabulary, RUC) were also caught up in the violence.
→ *Die Sicherheitskräfte, d.h. die britische Armee und die Polizei, waren ebenfalls in die Gewalttätigkeiten verwickelt.*

– As the police was almost entirely protestant, from the start its role as a peacekeeper was seriously compromised.
→ *Da die Polizei fast gänzlich protestantisch war, war ihre Rolle als „Friedenshüter" von Anfang an ernsthaft gefährdet.*

– The Troubles were brought to an uneasy end by the Good Friday Agreement, which was signed by all participants on 10 April 1998 (Good Friday).
→ *Die Unruhen wurden durch das Karfreitagsabkommen, das am 10. April 1998 (Karfreitag) von allen Teilnehmern unterschrieben wurde, zu einem (noch) unsicheren Ende gebracht.*

– The agreement included a ceasefire, the reform of the police, the withdrawal of troops from the streets and, finally, the promise that N. Ireland would remain a full member of the United Kingdom until a majority of voters decided otherwise.
→ *Das Abkommen umfasste einen Waffenstillstand, die Reform der Polizei, den Rückzug der Truppen von den Straßen und letztendlich das Versprechen, dass Nordirland ein volles Mitglied Großbritanniens bleiben würde, bis eine Mehrheit der Wähler anders entscheidet.*

– The Unionists are worried about a much higher birthrate among catholics than among protestants. They think that, in time, a catholic majority in parliament in Belfast is inevitable.
→ *Die Unionisten sind besorgt über die bedeutend höhere Geburtenrate unter den Katholiken als unter den Protestanten. Sie vertreten die Auffassung, dass mit der Zeit eine katholische Mehrheit im Parlament in Belfast unausweichlich ist.*

– The question then will be whether this majority vote to leave the UK.
→ *Die Frage lautet dann: Wird diese Mehrheit für das Ausscheiden aus dem Vereinigten Königreich stimmen ?*

Britain and the European Union

– When asked to open its frontiers in accordance with the Schengen Agreement in 1995, Britain opted out.
→ *Als Großbritannien 1995 dazu aufgefordert wurde, seine Grenzen gemäß dem Schengen-Abkommen zu öffnen, stieg es aus (dem Vertrag aus).*

– The UK joined the EEC in 1973, but the relationship has never been happy.
→ *1973 trat Großbritannien der EWG (Europäische Wirtschaftsgemeinschaft) bei, aber die Beziehung war nie glücklich.*

– Britain has always been against the development of a European federal "superstate" similar to the USA.
→ *Großbritannien war immer gegen die Entwicklung eines europäischen föderativen „Superstaates" ähnlich den USA.*

– Although the UK signed the Maastricht Treaty in 1991, it refused to adopt the euro.
→ *Obwohl Großbritannien 1991 den Maastrichter Vertrag unterschrieb, lehnte es die Einführung des Euros ab.*

– The UK does not like the name "European Union" because it sounds too much like a real country.
→ *Großbritannien mag den Namen „Europäische Union" nicht, da dieser zu sehr nach einem „richtigen Staat" klingt.*

– When the USA invaded Iraq in 2003, the UK supported the USA against France and Germany, its closest partners in the EU.
→ *Als die USA 2003 in den Irak einmarschierten, unterstützte Großbritannien die USA im Gegensatz zu Frankreich und Deutschland, seinen engsten Partnern in der EU.*

– Although the UK signed the Treaty of Lisbon in 2007, it did so unwillingly and only after provisions about cross-border policing and human rights had been diluted.
→ *Obwohl Großbritannien 2007 den Vertrag von Lissabon unterschrieb, tat es dies recht widerwillig und auch erst, nachdem die Vereinbarungen zur grenzüberschreitenden Polizeiarbeit und zu den Menschenrechten gelockert wurden.*

– Britain supported the idea of inviting as many countries as possible, including Turkey, to join the EU because the Union would then become too big and diverse to become the USE ("United States of Europe").

→ *Großbritannien unterstützte die Idee, so viele Länder wie möglich, einschließlich der Türkei, einzuladen, der EU beizutreten, da dann die Union zu groß und zu unterschiedlich würde, um eine Art von USE („United States of Europe“) zu werden.*

– The UK's so-called "special relationship" with the USA has always stood in the way of a closer cooperation with the EU.
→ *Die sogenannte „besondere Beziehung“ Großbritanniens zu den USA hat immer eine engere Zusammenarbeit mit der EU verhindert.*

The USA

American values

– What makes an American "an American"? It is certainly not his race, colour, religion, ancestry, politics or even his use of the English language.
→ *Was macht aus einem Amerikaner „einen Amerikaner“? Es ist sicherlich nicht seine Rasse, Hautfarbe, Religion, Herkunft, politische Meinung oder sogar sein Gebrauch der englischen Sprache.*

– In spite of America's diversity, there are five basic values that most Americans agree with.
→ *Ungeachtet der Vielfalt Amerikas, gibt es fünf Grundwerte, denen die meisten Amerikaner zustimmen.*

– The first and most important value is freedom. "Freedom" covers both freedom from oppression and personal freedom.
→ *Der erste und wichtigste Wert ist die Freiheit. „Freiheit“ umfasst sowohl Freiheit vor Unterdrückung als auch persönliche Freiheit.*

– The second important value is equality, which does not mean social equality, but equality of opportunity and equality before the law.
→ *Der zweite wichtige Wert ist die Gleichheit. Damit ist nicht die soziale Gleichheit gemeint, sondern die Chancengleichheit und die Gleichheit vor dem Gesetz.*

– Americans see the third value, education, as the key realising their full economic, social and personal potential.
→*Amerikaner sehen Bildung, den dritten Wert, als Schlüssel, um das wirtschaftliche, soziale und persönliche Potenzial ausschöpfen zu können.*

– Self-sufficiency and individualism is the fourth value. Early settlers had to be self-sufficient and this has left Americans with a dislike of Big Government.
→*Selbstständigkeit und Individualismus sind der vierte Wert. Die frühen Siedler mussten selbstständig sein und diese Tatsache hat bei den Amerikanern zu einer Abneigung gegen übervorsorgliche Regierungen geführt.*

– Theoretically, the fifth American value is privacy, though anti-terrorism laws and modern information technology have made this largely a thing of the past.
→*Theoretisch ist der fünfte amerikanische Wert die Unantastbarkeit der Privatsphäre, obwohl Anti-Terror-Gesetze und die moderne Informationstechnologie dazu geführt haben, dass diese Dinge der Vergangenheit angehören.*

The US political system
– The USA has a federal system of government. Political power is divided between a central (or federal) government in Washington DC and the states.
→*Die USA haben ein föderatives Regierungssystem. Die politische Macht ist zwischen der zentralen (oder Bundes-) Regierung in Washington DC und den Bundesstaaten aufgeteilt.*

– Both the federal government and the state governments are divided into three separate branches: the legislative branch, the executive branch and the judicial branch.
→*Sowohl die Bundesregierung als auch die Regierungen der Bundesstaaten haben eine dreigliedrige Gewaltenteilung: die Legislative, die Exekutive und die Judikative.*

– The legislative branch makes the law, the executive branch administers the law and the judicial branch enforces the law.
→ *Die Legislative macht die Gesetze, die Exekutive führt die Gesetze aus und die Judikative vollstreckt die Gesetze.*

– At federal level, the executive branch is the federal government led by the President, who may only be elected for a maximum of two four-year terms.
→ *Auf Bundesebene ist die Exekutive die Bundesregierung, die von dem Präsidenten geführt wird. Der Präsident darf für maximal zwei vierjährige Amtszeiten gewählt werden.*

– The President is not only head of the federal government but also commander-in-chief of the armed forces.
→ *Der Präsident ist nicht nur das Oberhaupt der Bundesregierung, sondern auch der Oberbefehlshaber der Streitkräfte.*

– To avoid conflicts of interest, the President and members of the cabinet cannot have a seat in either the Senate or the House of Representatives.
→ *Um Interessenkonflikte zu vermeiden, dürfen der Präsident und die Kabinettsmitglieder weder einen Sitz im Senat noch einen im Repräsentantenhaus haben.*

– The President also has to get Congress's agreement to introduce laws, to approve the federal budget or to declare war.
→ *Der Präsident muss auch die Zustimmung des Kongresses einholen, um Gesetze einzubringen, um den Bundeshaushalt zu genehmigen oder um einen Krieg zu erklären.*

– The US Supreme Court can rule that government actions unconstitutional and order laws to be changed or repealed.
→ *Der US Supreme Court kann entscheiden, dass die Handlungen der Regierung verfassungswidrig sind, und daher eine Änderung oder Aufhebung der Gesetze anordnen.*

– The Senate concentrates mainly on foreign affairs and pivotal national issues.

→ *Der Senat konzentriert sich hauptsächlich auf die Außenpolitik und auf grundlegende nationale Fragen.*

– The upper house of Congress, the Senate, has 100 members – two from each state – who are elected for 6 years.
→ *Das Oberhaus des Kongresses, der Senat, hat 100 Mitglieder – zwei aus jedem Bundesstaat –, die für eine sechsjährige Amtszeit gewählt werden.*

– The lower house of Congress, the House of Representatives, has 435 members who are elected for two years.
→ *Das Unterhaus des Kongresses, das Repräsentantenhaus, hat 435 Mitglieder, die für eine zweijährige Amtszeit gewählt werden.*

– The House of Representatives is more concerned with domestic and local issues, but it alone can vote on taxation.
→ *Das Repräsentantenhaus befasst sich mehr mit inländischen und regionalen Fragen, aber es kann auch allein über die Besteuerung abstimmen.*

– The USA consists of 50 states, each with its own government led by a governor.
→ *Die USA besteht aus 50 Bundesstaaten, jeder mit einer eigenen Regierung, die von einem/einer Gouverneur/-in geführt wird.*

– State legislatures are also split into two houses, the Senate and the House of Representatives, and each state also has a State Supreme Court.
→ *Die Parlamente der Bundesstaaten werden ebenfalls in zwei Kammern unterteilt, den Senat und das Repräsentantenhaus, und jeder Bundesstaat hat einen obersten Gerichtshof.*

– American states have considerable independent powers such as local taxation, education and policing.
→ *Die amerikanischen Bundesstaaten haben erhebliche unabhängige Befugnisse, wie lokale Besteuerung, das Bildungswesen und das Polizeiwesen.*

– The Democrats tend to be supported by poorer people, ethnic minorities and city dwellers.
→ *Die Demokraten werden eher von ärmeren Leuten, ethnischen Minderheiten und Stadtbewohnern unterstützt.*

– The most important political parties at both federal and state level are the Republicans and the Democrats.
→ *Die wichtigsten politischen Parteien sowohl auf Bundesebene als auch auf Bundesstaatsebene sind die Republikaner und die Demokraten.*

– The Republicans get more support from rural areas and the better-off.
→ *Die Republikaner bekommen mehr Unterstützung in ländlichen Gebieten und von den „Besserverdienenden".*

– Candidates, especially for the presidency, have to secure the nomination of their party through a complicated system of primaries, caucuses and then conventions.
→ *Wahlkandidaten, besonders für die Präsidentschaft, müssen sich die Nominierung ihrer Partei durch ein kompliziertes System von Vorwahlen, Wahlausschüssen und schließlich von nationalen Parteitagen sichern.*

Immigration and the American Dream

– Immigration to the USA took place in four waves: the colonial period up to 1812, the mid-nineteenth century, the early twentieth century and post-1965.
→ *Die Einwanderung in die USA hatte vier Hochphasen: die Kolonialperiode bis 1812, die mittleren Jahre des 19. Jahrhunderts, der Anfang des 20. Jahrhunderts und die Zeit nach 1965.*

– Each wave of settlers brought distinct national groups to the United States.
→ *Jede (Einwanderungs-)Welle der Siedler brachte eigenständige nationale Gruppen in die USA.*

– The third wave consisted mainly of immigrants from southern and eastern Europe, particularly from Greece, Italy and Poland.
→ *Die dritte (Einwanderungs-)Welle bestand hauptsächlich aus Migranten aus Süd- und Osteuropa, besonders aus Griechenland, Italien und Polen.*

– The colonial period was marked by migration mainly from Britain and France. There were also large numbers of forced immigrants, that is slaves, from Africa.
→ *Die Kolonialperiode wurde geprägt von Migration hauptsächlich aus Großbritannien und Frankreich. Es gab auch eine große Anzahl an Zwangsmigranten, also Sklaven, aus Afrika.*

– The mid-nineteenth century wave was made up mainly of north Europeans, largely from Ireland, Germany, the Netherlands and Sweden.
→ *Die (Einwanderungs-)Welle der mittleren Jahre des 19. Jahrhunderts bestand hauptsächlich aus Nordeuropäern, überwiegend aus Irland, Deutschland, den Niederlanden und Schweden.*

– The post-1965 period has seen a large movement of people from Latin America and Asia.
→ *Die Periode nach 1965 erlebte eine große (Migrations-)Bewegung von Menschen aus Lateinamerika und Asien.*

– It is often asked whether the USA is a "melting pot" or a "salad bowl".
→ *Es wird häufig gefragt, ob die USA ein „Schmelztiegel" oder eine „Salatschüssel" sei.*

– From the beginning of the 20th century, America's political elite was becoming worried by the growth of immigrant ghettos.
→ *Mit dem Anfang des 20. Jahrhunderts begann sich Amerikas politische Elite über die steigende Zahl von Immigrantenghettos Sorgen zu machen.*

– To counter the development of ghettos, the USA tried to create a melting pot by assimilating the numerous "immigrant cultures" into a single "American culture".
→ *Um der Entwicklung von Ghettos entgegenzuwirken, versuchte die USA durch die Anpassung der zahlreichen „Immigrantenkulturen" an eine einzelne „amerikanische Kultur", einen Schmelztiegel zu schaffen.*

– Although this policy of cultural assimilation was successful in so far as it created common American values, at the level of everyday life, it failed.
→ *Obwohl diese Politik der kulturellen Assimilation insofern erfolgreich war, als sie gemeinsame amerikanische Werte geschaffen hat, hat sie auf der Ebene des Alltagslebens versagt.*

– The idea of the melting pot failed because it ignored reality.
→ *Die Idee des Schmelztiegels versagte, weil sie die Realität außer Acht ließ.*

– The idea ignored the refusal of a large majority of white Americans to accept the integration of Afro-Americans and Native Americans.
→ *Die Idee (des Schmelztiegels) ignorierte die Tatsache, dass die große Mehrheit der weißen Amerikaner sich weigerte, die Integration von Afroamerikanern und amerikanischen Ureinwohnern zu akzeptieren.*

– The idea also ignored the fact that every big American city had its Chinatown, its Little Italy and its Little Poland.
→ *Die Idee (des Schmelztiegels) ignorierte auch die Tatsache, dass jede große amerikanische Stadt ihr chinesisches, ihr italienisches und ihr polnisches Viertel hatte.*

– Above all, the policy of assmilation ignored the fact that most immigrants wanted American citizenship and an American standard of living, but not the American way of life. In short, most Americans didn't want a melting pot, but a salad bowl.

→ *Vor allen Dingen ignorierte die Politik der Assimilation die Tatsache, dass die meisten Immigranten die amerikanische Staatsbürgerschaft und einen amerikanischen Lebensstandard wollten, nicht aber die amerikanische Lebensart. Kurzum, die meisten Amerikaner wollten keinen Schmelztiegel, sondern eine Salatschüssel.*

– The "American Dream" is the capitalist equivalent of American ideals of democracy and personal freedom.
→ *Der „amerikanische Traum" ist das kapitalistische Äquivalent zu den amerikanischen Idealen Demokratie und persönliche Freiheit.*

– The American Dream is a promise of material prosperity by means of which people can achieve a "better, richer, and happier life".
→ *Der amerikanische Traum ist das Versprechen von materiellem Wohlstand, durch den die Menschen ein „besseres, reicheres und glücklicheres Leben" erreichen können.*

– Is the American Dream myth or reality?
→ *Ist der amerikanische Traum Mythos oder Realität?*

– Research shows that the American Dream has not helped the great majority of members of ethnic and social minorities to improve either their standard of living or their social status.
→ *Die Forschung zeigt, dass der amerikanische Traum der großen Mehrheit der Mitglieder ethnischer und sozialer Minderheiten nicht geholfen hat, ihren Lebensstandard bzw. ihren Sozialstatus zu verbessern.*

– In fact, research suggests that the distribution of wealth, higher education and political influence in the USA benefits only a few privileged groups.
→ *Die Forschung deutet vielmehr an, dass am Wohlstand, an weiterführender Schulbildung und an der politischen Macht in den USA nur einige wenige privilegierte Gruppen teilhaben.*

America and the terrorist threat

– The terrorist attacks on New York and Washington DC on September 11th 2001 (9/11) had a traumatic effect on the American people and government.
→ *Die Terrorangriffe auf New York und Washington DC am 11. September 2001 (9/11) hatten eine traumatische Wirkung auf das amerikanische Volk und die Regierung.*

– The success of the attack was caused in part by the failure of American security services to work together and keep each other informed.
→ *Der Erfolg der Anschläge ist teilweise auf das Versagen der amerikanischen Sicherheitskräfte zurückzuführen, die nicht zusammenarbeiteten und sich nicht gegenseitig informierten.*

– The most important consequence of 9/11 was the USA Patriot Act which became law on 26 October 2001.
→ *Die wichtigste Folge von 9/11 war der USA Patriot Act, der am 26. Oktober 2001 in Kraft trat.*

– Among other things, the act gives the security services almost limitless access to phone calls and emails as well as medical, financial, and other records.
→ *Unter anderem ermöglichte das Gesetz den Sicherheitskräften einen fast unbeschränkten Zugriff auf Telefonate und E-Mails sowie auf medizinische und andere Unterlagen bzw. auf Dokumente, welche die Finanzen betreffen.*

– The Act allows the police to arrest and deport immigrants suspected of terrorism.
→ *Das Gesetz gibt der Polizei das Recht, Immigranten, die unter Terrorismusverdacht stehen, zu verhaften und auszuweisen.*

– Constitutional lawyers criticise the Patriot Act for four reasons: the indefinite detention of immigrants, the searching of homes without the occupant's knowledge, the searching of private records without a court order and, finally, the surveillance of internet use.
→ *Verfassungsrechtler kritisieren den Patriot Act aus vier Gründen: die unbefristete Inhaftierung von Immigranten, die Durchsuchung von Privathäusern ohne Wissen der Bewohner, die Durchsuchung von privaten Unterlagen ohne gerichtliche Anordnung und, schließlich, die Überwachung des Internetzugangs.*

– Owing to these criticisms, federal courts have already ruled that several provisions of the Patriot Act are unconstitutional.
→ *Wegen dieser Kritik haben Bundesgerichte bereits beschlossen, dass mehrere Bestimmungen des Patriot Act verfassungswidrig sind.*

– The second consequence of the attacks was the setting up of the Department of Homeland Security (DHS) on 6 March 2003.
→ *Die zweite Folge der Angriffe war die Gründung des Heimatschutzministeriums (DHS) am 6. März 2003.*

– The DHS's job is to protect America from all forms of terrorism by coordinating counterterrorism activities.
→ *Die Funktion des DHS ist, Amerika vor allen Formen des Terrorismus durch die Koordinierung von Antiterrormaßnahmen zu schützen.*

– The final consequence of 9/11 was increased military action against terrorism abroad, particularly in Iraq and Afghanistan.
→ *Die Folge von 9/11 war der verstärkte militärische Einsatz gegen Terrorismus im Ausland, besonders in Irak und Afghanistan.*

Globalisation

Definitions of globalisation

– From an economic point of view, globalisation is the free movement of goods, services and capital throughout the world.
→*Aus ökonomischer Sicht ist Globalisierung der freie Verkehr von Waren, Dienstleistungen und Kapital auf der ganzen Welt.*

– Factors that have led to global integration are, firstly, the abolition or lowering of import duties, secondly, advanced communications and transport systems, thirdly, easy capital investment, fourthly, the development of huge multinational cross-border businesses and, finally, the fact that the volume production of goods has exhausted the consumer potential of national and regional markets.
→*Faktoren, die zur globalen Integration geführt haben, sind: erstens die Abschaffung oder Reduzierung von Einfuhrzöllen, zweitens die verbesserten Kommunikations- und Transportsysteme, drittens die einfache Kapitalanlage, viertens die Entwicklung von riesigen multinationalen grenzüberschreitenden Unternehmen und schließlich die Tatsache, dass die Massenproduktion von Waren das Verbraucherpotenzial auf nationalen und regionalen Märkten ausgeschöpft hat.*

– A wider view of globalisation understands it as not only an economic phenomenon, but also a cultural one.
→*Eine breitere Sichtweise der Globalisierung sieht in ihr nicht nur ein ökonomisches, sondern auch ein kulturelles Phänomen.*

–This view points, firstly, to increasing westernisation, particularly in clothing (jeans, sneakers), food and drink (burgers, coke), mass entertainment, advertising and consumer goods such as mobile phones and flatscreen TVs.
→*Diese Ansicht verweist erstens auf zunehmende Verwestlichung, besonders bei Kleidung (Jeans, Sneakers), Lebensmitteln und Getränken (Burger und Cola), Massenunterhaltung, Werbung und Gebrauchsgütern, wie Handys und Flachbildfernseher.*

– Secondly, this view sees a decline in traditional religious and moral values together with an increasing secularisation of life.
→ *Zweitens erkennt diese Anschauung einen Verfall von traditionellen, religiösen und moralischen Werten im Zusammenhang mit der zunehmenden Säkularisierung des Lebens.*

– The cultural view of globalisation points, thirdly, to the spread of western democratic or semi-democratic ideals of free personal and political choice.
→ *Die kulturelle Kritik an der Globalisierung verweist drittens auf die Verbreitung von westlichen demokratischen Idealen, die freie persönliche und politische Entscheidungen betreffen.*

– The spread of the English language as a genuine "world language" is also seen as a factor in increasing globalisation.
→ *Die Ausdehnung der englischen Sprache als einer echten „Weltsprache" wird ebenfalls als ein Faktor der zunehmenden Globalisierung betrachtet.*

– Whether globalisation and its cultural effects are beneficial or not remains a matter of dispute.
→ *Ob die Globalisierung und ihre kulturellen Auswirkungen vorteilhaft sind oder nicht, bleibt eine Streitfrage.*

– Supporters of globalisation believe that it will lead to worldwide economic growth with all that means in the form of jobs, schools, health care, improved infrastructure, social mobility and peaceful coexistence.
→ *Befürworter der Globalisierung glauben, dass sie zu weltweitem ökonomischem Wachstum führen wird, was bedeutet: mehr Arbeitsplätze, Schulen, Gesundheitsfürsorge, verbesserte Infrastruktur, soziale Mobilität und friedliche Koexistenz.*

– Opponents of globalisation believe that it will not benefit undeveloped economies to any great extent.
→ *Gegner der Globalisierung glauben, dass unterentwickelte Ökonomien in einem großen Ausmaß benachteiligt werden.*

– Opponents say that a global market increases the opportunities for the rich nations to take even more advantage of poorer ones.
→ *Gegner sagen, dass der globale Markt die Chancen der reichen Nationen erhöht, die ärmeren noch mehr auszunutzen.*

– Opponents also see the gradual eradication of cultural diversity and the creation of a unitary "world culture" as a huge loss.
→ *Gegner empfinden auch die allmähliche Ausrottung der kulturellen Vielfalt und die Schaffung einer einheitlichen „Weltkultur" als riesigen Verlust.*

The information revolution

– Digitalisation is the transmission of data in binary form.
→ *Digitalisierung ist die Übermittlung von Daten in Binärform.*

– Huge amounts of data can be transmitted simultaneously not only on radio waves to satellite dishes and aerials, but also sent along telephone lines, TV cables and power lines.
→ *Riesige Datenmengen können gleichzeitig nicht nur über Funkwellen an Satellitenschüsseln und Antennen gesendet werden, sondern auch über Telefonleitungen, TV-Kabel und Stromleitungen.*

– This is the basic technology that has given us the Internet, which some call "the engine of globalisation".
→ *Dies ist die grundlegende Technologie, zu der uns das Internet verholfen hat, das einige „den Motor der Globalisierung" nennen.*

The migration of people and jobs

– In developed countries, the outsourcing of jobs to low-wage, unregulated countries in Asia and Eastern Europe is seen as a big problem.
→ *In entwickelten Ländern wird die Auslagerung von Arbeitsstellen in unkontrollierte Niedriglohnländer Asiens und Osteuropas als ein großes Problem gesehen.*

– However, evidence suggests that worries about the negative effect of outsourcing on domestic labour markets were probably exaggerated.
→ *Es zeigt sich jedoch, dass Bedenken im Hinblick auf die negativen Auswirkungen von Outsourcing auf die heimischen Arbeitsmärkte wahrscheinlich übertrieben waren.*

– Firstly, while some companies moved production abroad, the alternative was downsizing or closing. In such cases, outsourcing led to no or only small job losses at home.
→ *Zum einen hatten manche Firmen, die ihre Produktion ins Ausland verlagerten, nur die Alternative, ihre Betriebe zu verkleinern oder zu schließen. In solchen Fällen führte eine Auslagerung zu keinen oder nur zu kleinen heimischen Stellenverlusten.*

– Labour market statistics show that only about a 25% of industrial jobs lost in the USA were destroyed by outsourcing. The remaining 75% were lost because of automation.
→ *Die US-Arbeitsmarktstatistik zeigt, dass nur ca. 25 Prozent der Arbeitsstellen, die verloren gegangen sind, durch Outsourcing vernichtet wurden. Die verbliebenen 75 Prozent gingen durch die Automatisierung verloren.*

– In several cases, companies have had to move production back home to maintain their quality standards.
→ *In mehreren Fällen mussten Firmen die Produktion wieder zurück in die Heimat verlagern, um ihre Qualitätsstandards aufrechtzuerhalten.*

– Another big problem with outsourcing is that wage and energy costs quickly rise in the host country. This means that cost savings become progressively smaller and are only temporary.
→ *Ein weiteres großes Problem mit Outsourcing ist, dass Lohn- und Energiekosten in dem Aufnahmeland rasch ansteigen. Dies bedeutet, dass Kosteneinsparungen progressiv kleiner werden und nur vorübergehend sind.*

– A further significant problem with globalisation is not so much job losses through outsourcing as the migration of cheap labour from developing economies to developed ones.
→ *Ein weiteres wesentliches Problem der Globalisierung sind nicht so sehr die Stellenverluste durch Outsourcing als die Migration von billigen Arbeitskräften aus Entwicklungsländern in die Industriestaaten.*

– An abundance of cheap labour has led to job losses among North Americans and West Europeans and a downward pressure on wages.
→ *Ein Überschuss an billigen Arbeitskräften hat zu Jobverlusten bei Nordamerikanern und Westeuropäern sowie zu sinkenden Löhnen geführt.*

International organisations

The future of the EU

– It is still impossible to predict the future of Europe with certainty, but some factors are already becoming clearer.
→ *Es ist unmöglich, mit Sicherheit die Zukunft Europas vorauszusagen, aber einige Faktoren werden bereits klarer.*

– It is clear that the integration of the EU will be extremely expensive.
→ *Es ist klar, dass die Zusammenführung in der EU extrem teuer werden wird.*

– Many EU citizens have an average income of about €320 a month but expect the same standard of living and social services as those of western Europe.
→ *Viele EU-Bürger haben ein Durchschnittseinkommen von etwa 320 Euro pro Monat, aber sie erwarten, dass sie den gleichen Lebensstandard erreichen und die gleiche soziale Unterstützung erhalten wie die Westeuropäer.*

– At current rates of growth, it could take 40 years or more for countries like Poland to reach the average EU living standard.

→ *Bei aktuellen Zuwachsraten könnte es 40 Jahre oder länger dauern, bis Länder wie Polen den durchschnittlichen Lebensstandard der EU erreichen.*

– It seems certain that friction between West and East could increase.
→ *Es scheint sicher zu sein, dass die Spannungen zwischen Ost und West zunehmen.*

– Friction will grow if workers in the West think that their jobs are being outsourced to the cheaper East with the help of their own taxes.
→ *Spannungen werden zunehmen, wenn Arbeitskräfte aus dem Westen meinen, dass ihre Arbeitsplätze mithilfe ihrer Steuergelder nach Osten ausgelagert werden.*

– In spite of some economic and social problems, fuller integration will be gradually achieved over the next 20 years.
→ *Trotz einiger ökonomischer und sozialer Probleme wird die Integration in den nächsten 20 Jahren allmählich zunehmen.*

– This process of integration will certainly be slowed down by the many different cultures, languages and economic possibilities.
→ *Dieser Prozess der Integration wird sicherlich durch die vielen verschiedenen Kulturen, Sprachen und ökonomischen Möglichkeiten gebremst werden.*

– Full European integration can only be achieved with a strong EU government and visionary leadership, both of which are absent at present (2011).
→ *Vollständige europäische Integration kann nur durch eine starke EU-Regierung und eine visionäre Führung erreicht werden – derzeit (2011) fehlt es an beidem.*

– As the low turnout in European elections shows, the European Parliament does not attract the same interest as national parliaments do, and this represents a serious weakness.

→ *Wie die niedrige Beteiligung an europäischen Wahlen zeigt, ist das europäische Parlament weniger interessant als nationale Parlamente, dies ist ein Zeichen ernsthafter Schwäche.*

– However, these questions are the core of the problem: Who governs Europe? Is it national ministers appointed by their own governments and meeting in secret? Or is it elected representatives of the people (MEPs) meeting and debating in public?
→ *Der Kern des Problems sind jedoch diese Fragen: Wer regiert Europa? Sind es nationale Minister, die von ihren eigenen Regierungen ernannt werden und im Geheimen beraten? Oder sind es gewählte Vertreter des Volkes (MEPs), die sich öffentlich treffen und debattieren?*

– The likelihood is that the European Parliament will win more real power at the expense of national parliaments.
→ *Es ist wahrscheinlich, dass das europäische Parlament mehr Macht auf Kosten der nationalen Parlamente gewinnen wird.*

– Although all European countries have a common European cultural heritage, national differences, real or imagined, are often deep.
→ *Obwohl alle europäischen Länder ein gemeinsames europäisches Kulturerbe haben, sind die nationalen Unterschiede, real oder in den Köpfen, oft groß.*

The United Nations (UN) as peacekeeper

– In its function as peacekeeper or the "world's policeman", the UN has attracted massive criticism.
→ *In ihrer Funktion als Friedenswächter oder „Weltpolizist" wurden die Vereinten Nationen massiv kritisiert.*

– The UN is a multinational parliament that is made up of practically all the world's sovereign states. At present, there are 192 members.

→ *Die Vereinten Nationen sind ein multinationales Parlament, das aus praktisch allen souveränen Staaten der Welt besteht. Zurzeit haben sie 192 Mitglieder.*

– The UN consists of the General Assemly, in which all members have a seat, and the Security Council with 15 selected members. The Security Council has five permanent members (China, France, Russia, the UK and the USA) with the power of veto.
→ *Die Vereinten Nationen bestehen aus der Generalversammlung, in der alle Mitglieder einen Sitz haben, und aus dem Sicherheitsrat mit 15 ausgewählten Mitgliedern. Der Sicherheitsrat hat fünf ständige Mitglieder (China, Frankreich, Russland, Großbritannien und die USA) mit einem Vetorecht.*

– Although the UN is active in economic development, health care and the protection of refugees and children, its main role is the preservation of world peace through the agency of the Security Council.
→ *Obwohl sich die Vereinten Nationen aktiv um ökonomische Entwicklung, Gesundheitsfürsorge und den Schutz von Flüchtlingen und Kindern kümmern, besteht ihre Hauptaufgabe in der Erhaltung des Weltfriedens durch den Sicherheitsrat.*

– The first point of criticism is the selfish use of the veto by the five permanent members of the Security Council to block decisions of the General Assembly.
→ *Der erste Kritikpunkt ist der eigennützige Gebrauch des Vetos der fünf ständigen Mitglieder des Sicherheitsrates, um Entscheidungen der Generalversammlung zu blockieren.*

– Secondly, the five veto powers all have nuclear weapons. In effect, they have formed an exclusive "nuclear club" that only cares about its interests and political influence.
→ *Zweitens verfügen alle fünf Vetomächte über Kernwaffen. Faktisch haben sie einen exklusiven „Atomverein“ gebildet, der sich nur um eigene Interessen und um ihren politischen Einfluss kümmert.*

– Thirdly, the permanent members meet privately and then present their resolutions to the full council as a “fait accompli”. This practice should be banned.
→*Drittens treffen sich die ständigen Mitglieder im Geheimen und präsentieren dann ihre Entscheidungen dem gesamten Rat als vollendete Tatsachen. Diese Praxis gehört abgeschafft.*

– The fourth criticism is that the Security Council is largely ineffective because there are no tough sanctions against countries that disobey it.
→*Der vierte Kritikpunkt ist, dass der Sicherheitsrat weitgehend ineffektiv ist, weil es keine harten Sanktionen gegen Länder gibt, die ihn/seine Weisungen missachten.*

– A fifth argument for reform is that the Security Council has too much power at the expense of the General Assembly and even the Secretary-General, neither of which have real influence.
→*Das fünfte Argument für eine Reform ist, dass der Sicherheitsrat zu viel Macht auf Kosten der Generalversammlung und sogar des Generalsekretärs hat, da beide keinen wirklichen Einfluss haben.*

– Finally, the five permanent members of the Security Council are the largest armaments manufacturers in the world, which makes them unwilling to ban the weapons trade.
→*Schließlich sind die fünf ständigen Mitglieder des Sicherheitsrates die größten Waffenhersteller der Welt, die kaum bereit sind, den Waffenhandel zu verbieten.*

Präpositionen

NOTICE Die folgenden englischen präpositionalen Wendungen weichen vom deutschen Gebrauch manchmal stark ab. Sie sind daher besonders „fehlerträchtig“.

Präpositionen der Zeit

Prepositions of time	
at Christmas	zu Weihnachten
at 40 (years of age)	mit 40
at 6 o'clock	um 6 Uhr
at mealtimes	bei Mahlzeiten
at lunch time	in der Mittagszeit
at breakfast	beim Frühstück
at the/this/that time	zu der/dieser/jener Zeit
at all times	jederzeit
at night	bei Nacht
at the weekend/at weekends	am Wochenende
at the moment	im Moment
at once	sofort
at one time	früher
at present	zurzeit, jetzt
at the time	zu der Zeit
at times	gelegentlich
in time	rechtzeitig
in the morning/evening/…	am Morgen/Abend/…
in a minute/moment	gleich
in no time	sekundenschnell
on time	planmäßig
on the hour	zur vollen Stunde

Last und ***next*** werden ohne Präposition benutzt:
I saw Jane ***last Friday.***
Am letzten Freitag sah ich Jane.
We are going to Austria ***next winter.***
Im nächsten Winter fahren wir nach Österreich.

Präpositionen des Ortes

Prepositions of place

at the station	am Bahnhof
at the baker's	beim Bäcker
at the chemist's	in der Apotheke
at the supermarket	im Supermarkt
at my parents' (home)	bei meinen Eltern
at 20 Church Street	in der Church Street 20
at work	bei der Arbeit
at the seaside	am Meer
at a meeting	bei einer Sitzung
at a concert	in einem Konzert
at Jill's party	auf Jills Party
at the table	am Tisch
at hand	zur Hand
in the street	auf der Straße
in the sky	am Himmel
in the country	auf dem Land
in the picture/photo	auf dem Bild/Foto
in the world	auf der Welt
in depth	in allen Einzelheiten
on the road	auf der Straße
on the board	an der Tafel
on board	an Bord
on the wall	an der Wand
on the beach	am Strand
on the coast	an der Küste
on the Rhine	am Rhein
on the bus/plane/...	im Bus/Flugzeug/...
on the first/... floor	im ersten/... Stock
on the way to	unterwegs nach
on the left/right	links/rechts
on business	geschäftlich unterwegs
on display	ausgestellt (im Schaufenster o. Ä.)
on hand	verfügbar

Sonstige Präpositionen

Other prepositions

at £3.75	für £ 3,75
at last	endlich
at least	mindestens
not at all	überhaupt nicht
at any rate	zumindest
at first sight	auf den ersten Blick
at pains	sehr bemüht
in your own words	mit eigenen Worten
in a loud/quiet voice	mit lauter/leiser Stimme
in my opinion/view	meiner Meinung nach
in love with	verliebt in
in German	auf Deutsch
in the end	schließlich
in addition to	zusätzlich zu
in any case	auf jeden Fall
in brief	kurz gesagt
in comparison	im Vergleich
in conclusion	zum Schluss
in a hurry	in Eile
in different/various ways	auf verschiedene Weise
in biro	mit dem Kugelschreiber
on the radio	im Radio
on TV	im Fernsehen
on the phone	am Telefon
on holiday/vacation	im Urlaub
on foot	zu Fuß
on horseback	zu Pferd
on occasion	gelegentlich
by bike/bus/…	mit dem Rad/Bus/…
by Mozart/Bach/…	von Mozart/Bach/…

Unregelmäßige Verben

Infinitiv	Imperfekt (2. Form)	Partizip Perfekt (3. Form)	
infinitive	*simple past*	*past participle*	
be	was/were	been	sein
beat	beat	beaten	schlagen, besiegen
become	became	become	werden
begin	began	begun	anfangen
blow	blew	blown	blasen, wehen
break	broke	broken	(zer)brechen
bring	brought	brought	bringen
build	built	built	bauen
buy	bought	bought	kaufen
catch	caught	caught	fangen
choose	chose	chosen	(aus)wählen, aussuchen
come	came	come	kommen
cost	cost	cost	kosten
cut	cut	cut	schneiden
do	did	done	tun, machen, erledigen
draw	drew	drawn	zeichnen
dream	dreamt	dreamt	träumen
drink	drank	drunk	trinken, saufen
drive	drove	driven	fahren, (an)treiben
eat	ate	eaten	essen, fressen
fall	fell	fallen	(hin)fallen
feed	fed	fed	füttern
feel	felt	felt	sich fühlen
fight	fought	fought	(be)kämpfen
find	found	found	finden
fly	flew	flown	fliegen
forget	forgot	forgotten	vergessen
freeze	froze	frozen	(ge)frieren
get	got	got	bekommen, erhalten
give	gave	given	geben, schenken

Infinitiv	**Imperfekt** (2. Form)	**Partizip Perfekt** (3. Form)	
infinitive	*simple past*	*past participle*	
go	went	gone	gehen
grow	grew	grown	wachsen, zunehmen
hang	hung	hung	(auf)hängen
have	had	had	haben, besitzen
hear	heard	heard	hören
hide	hid	hidden	verstecken
hit	hit	hit	schlagen, aufprallen
hold	held	held	(fest)halten
hurt	hurt	hurt	verletzen
keep	kept	kept	behalten, immer wieder tun
know	knew	known	kennen, wissen
lay	laid	laid	(ver)legen, hinstellen
lead	led	led	führen, leiten
lean	leant	leant	(sich) lehnen, stützen, neigen
learn	learnt	learnt	lernen, aneignen
leave	left	left	verlassen
lend	lent	lent	(ver-, aus)leihen
let	let	let	lassen
lie	lay	lain	liegen
light	lit	lit	anzünden
lose	lost	lost	verlieren
make	made	made	machen
mean	meant	meant	bedeuten
meet	met	met	sich treffen
misunderstand	misunderstood	misunderstood	missverstehen
pay	paid	paid	(be)zahlen
put	put	put	setzen, stellen, legen
read	read	read	(ab)lesen
ride	rode	ridden	reiten, Rad fahren
ring	rang	rung	läuten, klingeln, anrufen

Infinitiv	Imperfekt (2. Form)	Partizip Perfekt (3. Form)	
infinitive	*simple past*	*past participle*	
rise	rose	risen	steigen, zunehmen
run	ran	run	laufen, rennen
say	said	said	sagen
see	saw	seen	sehen, verstehen
sell	sold	sold	verkaufen
send	sent	sent	senden, schicken
shake	shook	shaken	schütteln
shoot	shot	shot	(er)schießen
show	showed	shown	zeigen
shut	shut	shut	schließen, zumachen
sing	sang	sung	singen
sit	sat	sat	sitzen
sleep	slept	slept	schlafen
smell	smelt	smelt	riechen, duften
speak	spoke	spoken	sprechen
spend	spent	spent	ausgeben, verbringen
stand	stood	stood	stehen
steal	stole	stolen	stehlen
strike	struck	struck	schlagen
swim	swam	swum	schwimmen
take	took	taken	nehmen
teach	taught	taught	unterrichten, lehren
tear	tore	torn	(zer)reißen
tell	told	told	erzählen, mitteilen, sagen
think	thought	thought	denken, meinen
throw	threw	thrown	werfen
under-stand	understood	understood	verstehen
wake	woke	woken	wecken
wear	wore	worn	tragen, anhaben
win	won	won	gewinnen
write	wrote	written	schreiben

Stichwortverzeichnis

Besser in ...
... der Oberstufe

Die Lernhilfen für ein erfolgreiches Abitur

- Alle wichtigen, lehrplanrelevanten Inhalte eines Schuljahrs
- Jede Menge Übungen und Tests
- Mit Lösungsteil zur Selbstkontrolle

Die Reihe „Besser in" gibt es für folgende Fächer:

Deutsch

- Texte verfassen
  ISBN 978-3-411-86282-5
- Literarische Texte interpretieren
  ISBN 978-3-411-86280-1

Mathematik

- Differentialrechnung
  ISBN 978-3-411-86283-2
- Integralrechnung
  ISBN 978-3-411-86284-9

Englisch

- Grundlagen der Textarbeit
  ISBN 978-3-411-86278-8
- Profitraining Textarbeit
  ISBN 978-3-411-86279-5
- Profitraining Grammatik
  ISBN 978-3-411-86277-1

Französisch

- Grammatik
  ISBN 978-3-411-86281-8

Besser in Lern- und Arbeitstechniken

- Präsentationen und Referate
  ISBN 978-3-411-86285-6